경제위기, **내 돈을 지켜라!**

경제위기, 내 돈을 지켜라!

네오머니+김석한+
류재운+허영미 지음

21세기북스

경제위기, 내 돈을 지켜라

1판 1쇄 인쇄 2008년 12월 1일
1판 1쇄 발행 2008년 12월 10일

지은이 네오머니, 류재운, 허영미, 김석한 **펴낸이** 김영곤 **펴낸곳** (주)북이십일 21세기북스
기획편집 박영미, 김정규, 이다혜 **편집팀장** 이승현 **영업** 최창규, 이종률, 서재필
출판등록 2000년 5월 6일 제10-1965호
주소 (우413-756) 경기도 파주시 교하읍 문발리 파주출판단지 518-3
대표전화 031-955-2100 **내용문의** 031-955-2140 **팩스** 031-955-2122
이메일 book21@book21.co.kr
홈페이지 www.book21.com

값 12,000원
ISBN 978-89-509-1629-9   13320

네오머니

종합금융전문회사로 자산관리 컨설팅과 재무설계 솔루션 개발, 금융 전문 교육, 금융 컨텐츠 제공 등 종합자산관리 전반에 걸친 서비스를 제공한다. 일반 고객부터 금융기관에 이르기까지 재무설계 솔루션 서비스를 제공하며, 재테크 전문 소식지 〈행복한 부자〉와 〈Daily Financial News〉를 발간하고 있다.
홈페이지_ www.fpcenter.co.kr

류재운·허영미

현재 경제경영, 자기계발 전문 컨텐츠 개발자로 다양한 금융 유관 기관과 실용 전문 출판사에 컨텐츠를 제공하고 있다. 『돈 걱정 없는 노후 30년 –재테크 이야기』『동사형 인간』『성공레슨』『와인공장의 기적』『옛 시 읽는 CEO』의 컨텐츠 개발에 참여했다.

김석한

현재 네오머니 재정컨설팅센터에서 개인 및 법인·자영업 재정설계 전문가로 활동 중이다. 누적 방문자 수 100만 명 이상인 재테크 블로그 '은행은 사라지고 부자 아빠만 남았다' 운영자이기도 하다. 그는 여러 재테크 포털에서 재테크 칼럼을 연재 중이다. 이 외에도 〈한국경제신문〉과 〈네이버〉의 재테크 전문상담위원으로 활동 중 이다. 저서로는 『월급 없이도 노후 든든한 4050재테크』가 있다.
블로그_ blog.naver.com/bebest79

▶▶▶ 우리에게 파랑은 언제나 긍정과 희망의 상징이었다. 그런데 언제부턴가 파란 색만 보면 불안과 두려움에 떨게 된다. 주가 하락, 주가 폭락을 뜻하는 파란색 지표는 미래, 아니 당장 눈앞의 현실을 공포로 몰아가기 때문이다.

이처럼 경제위기에서 내 돈을 지키고, 나아가 그 돈을 더 크게 불리기 위해서는 내가 하고 있는 재테크 상태에 대한 점검이 필수다. 한 발짝을 가더라도 알고 가는 사람과 모르고 가는 사람은 그 도착지가 다르다. 재테크에 입문하는 초보자들도 상당수가 '무엇을, 어떻게, 언제' 해야 될지 몰라 우왕좌왕하는 경우가 많다. 사막을 건너 오아시스로 가야 한다고 해서 무작정 길을 나섰다가는 모래를 잔뜩 뒤집어쓴 채 조난당하기 일쑤다. 어느 방향으로 가야 할지, 어떤 방법으로 길을 나설지 신중하게, 그리고 세밀하게 전략을 세우고 출발해야 한다.

이 책은 재테크 일반과 금융, 주식, 펀드, 부동산 등에 대해 가장 기본적으로, 그리고 필수적으로 알아야 할 내용에 대해 이야기한다. 여행을 떠나는 사람들이 제일 먼저 지도와 나침반을 챙겨 들듯 성공적인 재테크에 도전하는 분들에게 이 책이 유용한 길라잡이가 되었으면 한다. 또한 작금의 경제위기와 관련하여 초미의 관심사가 되는 분야를 다루면서 최근 지표와 분석, '액션 플랜'까지 담은 이 책이 혼탁한 중원에 한줄기 빛이 되었으면 하는 바람이다.

재테크의 환상은 무조건 돈을 불린다는 편견으로부터 시작된다. 그러나 재테크의 기본은 돈을 불리기 이전에 지금 가지고 있는 것을 지키는 것이다. 즉, 아끼는 것이 재테크의 첫걸음이다. 재테크의 목적지는 자신이 원하는 만큼 자산을 형성하는 것임에는 두말할 나위가 없다.

"나는 내가 무엇을 잘하는지 안다. 나는 내가 무엇을 못하는지도 안다. 나는 내가 무엇을 알고 있는지, 또 어떤 것을 모르는지 알고 있다."

미국의 변화와 새로운 시대의 상징으로 등장한 오바마의 말이다. 그는 과거 상원의원으로 출마할 때 주위에 도움을 요청하며 자신의 부족한 부분을 채워달라는 의미에서 이렇게 말했다. 재테크도 마찬가지다. 나 자신, 나의 재정상태를 정확히 알아야 부족한 것을 채우고, 나아가 새는 것을 막을 수 있다.

투자의 대가, 재테크의 대가들은 늘 교과서적인 말을 한다. "가치 있는 기업에 투자하라", "주식이든 땅이든 적절한 가격에 사서 만족할 만한 수익률을 올릴 때까지 기다려라", "손해를 보지 않는 투자여야 한다" 등등 하나같이 맞는 말이다. 그러나 이를 그대로 따라 하거나 실천에 옮기는 사람은 그리 많지 않다. 당장의 이익과 손해에 요동치는 심장 소리를 견딜 만한 여유가 없기 때문이다.

대박의 신화는 결코 하루아침에 이루어지지 않는다. 하나하나 기초부터 다져나가야만 비로소 무너지지 않는 완벽한 성을 쌓을 수 있다. 곧 겨울이 오면 옷깃을 여며야 하는 매서운 바람이 불겠지만, 이 책을 읽는 모든 분들이, 나아가 성공적인 재테크를 꿈꾸는 대한민국의 모든 꿈쟁이들이 적어도 '돈' 때문에 움츠러들고 옷깃을 여며야 하는 서글픈 일은 없기를 소망해본다.

이 책의 원 컨텐츠를 제공해준 네오머니와 원고감수 및 독자들이 바로 실천할 수 있는 재테크 액션플랜을 주신 김석한 님께 감사드린다. 누구보다 든든한 조력자였던 윤정근 님, 늘 지혜로운 길로 인도해준 배소라 님, 좋은 책을 기획해주신 박영미 님, 더 나은 기회의 문을 알려준 강선영 님께 특별한 감사의 말씀을 전하고 싶다. 또한 항상 곁에서 지켜주는 가족들에게도 고마움을 전한다.

2008년 11월 공동 저자를 대신하며

류재운·허영미

속이 후련해지는 책이다

요즘 점심시간이나 회식 때 가장 많이 하는 이야기가 경제 이야기다. 세계적인 경제침체가 장기화 될 것 같은 전망 속에 한국경제는 혹독한 시련을 맞이하고 있다. 지금 가장 무서운 것은 누구도 내일의 시장을 예측할 수 없다는 사실이다. 또 시장만 믿고 맡겨두었던 내 돈이 어떻게 될지 모른다는 점이다. 그러나 이 책은 내일의 시장을 예측할 수 없는 위기 상황에도 투자의 기본을 지키면 성공할 수 있음을 재조명한다. 은행이 내 돈을 잘 관리해주던 시대는 이미 지났다. 초심으로 돌아가 내 돈을 지키기 위한 공부를 할 때다.

● **신재광** (32세, 현대자동차 연구원)

어디로 가야 할지 방향을 알려주는 책

요즘 펀드로 두어 달치 월급을 손해 본 사람이 허다하다. 더 심각한 것은 이 정도는 큰 손해도 아니라는 점이다. 나 역시 펀드광풍에 휩쓸려 펀드에 가입했다가 적지 않은 돈을 손해 본지라 펀드 이야기만 나와도 속이 쓰리다. 자고 일어나면 내 돈이 나도 모르게 술술 새 나가는 요즘, 이 책은 지금 상황에 내 돈을 지키는 방법을 하나부터 열까지 쉽고 친절하게 설명한 바이블이다. 이 책이 작년에만 나왔더라도 내 돈을 그렇게 허망하게 손해 보지는 않았을 텐데! 이 책을 읽고 밤을 새우며 재테크 계획을 모두 새로 짰다.

● **김태우** (35세, 브니엘고교 교사)

믿을 만한 재테크 전문가가 생겼다

경제위기다, 불황이다 하는 주변 소리들이 요즘처럼 가까이 다가오기는 처음이다. 괜찮아질 거라는 뉴스나 증권사 객장 직원들 말도 이제 못 믿을 것 같다. 아이들 학원비는 둘째 치고라도 시장에 나가기가 무섭다. 이렇게 어렵고 믿을 사람이 없는 시기에 허황된 말이 아닌 투자의 기본을 제시해주는 책이 나와 믿음이 간다. 쉽게 이해되고 차근차근 적용해볼 수 있는 책이 나와 반갑고 고맙기까지 하다. 믿음이 사라진 요즘, 이 책이 제시한 원칙 중심의 재테크를 하나씩 실천해보면 분명 더 좋은 내일이 있을 거라는 확신이 든다.

● **유자영** (41세, 주부 12년차)

재테크 초보자들의 필수 바이블

전문가들의 강의를 듣는 기분으로 이 책을 읽어나갔다. 펀드, 주식, 부동산, 금융상품 등 내가 늘 잘 안다고 생각했으면서도 정작 알지 못했던 기본 용어들의 개념이 이 책을 읽으며 확실하게 정리되어 투자의 기초가 다져지는 느낌이다. 게다가 생소하고 어렵지만 위기극복과 재테크 성공을 위해 내가 꼭 알아야 할 용어들이 알기 쉽게 정리되어 있어 나 같은 초보자들도 전혀 어려움 없이 이 책을 읽어나갈 수 있었다. 뿌리 깊은 나무가 큰 바람을 견디는 것처럼 나도 이 책을 바탕으로 현명하게 대처해 경제위기에도 흔들리지 않는 나무가 되어야겠다.

● **현정환** (24세, 대학생)

경제위기, 정신을 바짝 차릴 수 있는 힘을 주는 책

정말 한치 앞도 알 수 없는 상황이다. 환율은 들쑥날쑥하고 주가도 오락가락이다. IMF가 다시 왔다고도 하고 위기가 더 심각하다고도 한다. 호랑이에게 물려가도 정신만 똑바로 차리면 산다고 하지 않던가. 이 책은 더 많은 수익을 위해 리스크를 안고 무리한 투자를 하던 나를 다시 정신 차리게 해주었다. 주식에서 금융, 부동산에 이르기까지 가장 기본적인 내 돈 지키기 비법을 들으며 정신을 번쩍 차리고 힘을 내게 되었다.

● **김담** (56세, 자영업)

묻지마 투자는 이제 그만, 위기에도 반드시 성공하는 재테크를 배운다

재테크의 '재' 자도 모르던 나는 펀드투자를 권유하는 친구 때문에 재테크를 시작하게 되었다. 무턱대고 시작한 재테크는 결국 가슴 아픈 결과를 가져다주었고, 이제라도 유행 따라 재테크할 것이 아니라 돈을 버는 법에 대해 체계적으로 공부해야겠다는 생각이 들 무렵 이 책을 읽게 되었다. 이 책을 읽으니 복잡하고 어렵게만 생각했던 재테크에 조금씩 자신이 생긴다. 쉬운 설명과 자세한 예시로 나도 마치 재테크 전문가가 된 것 같다. 대출받아 산 집값이 계속 떨어지고 있다며 울상인 부장님께도 꼭 한 권 선물해드려야겠다.

● **하정아** (32세, 농수산물유통공사)

주식 하락기의
주식·펀드 투자

Part 2

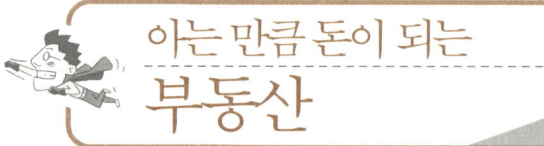

아는 만큼 돈이 되는
부동산

Part
3

위기를 헤쳐 나가는
재테크 투자원칙

Part 4

재테크의 초석이 되는
금융 지식

Part 1

내 돈을 지켜라!

경기침체기, 부자는 시간이 만들어준다

▶▶▶ 환율 급등! 주가 폭락! 연일 들리는 뉴스는 다이내믹하다 못해 가슴 졸이는 공포영화의 한복판에 서 있는 기분이 들게 만든다. 경제성장률은 계속 하락하고 신호등은 빨간불 일색이지만 마땅히 대처할 방법도 없어 보인다. 애꿎은 개미 투자자들만 당하는 게 아닌가 하는 불안심리만 더욱 커진다. 지난 몇 년간 펀드 열풍을 지켜보다가 뒤늦게 승차한 사람들은 수익은커녕 원금 손실을 걱정해야 하는 처지다. 게다가 어디까지 떨어질지 모를 주가지수 그래프가 그대로 화살이 되어 가슴에 마구 꽂힌다. 한마디로 돌파구는 보이지 않고 온통 안개 자욱한 고속도로에서 차를 모는 심정이다.

하지만 그 어떤 위기의 상황에도 살아남는 자는 반드시 있다. 바로 "시장이 공포분위기일 땐 무조건 팔고 보자"는 군중심리에 휩쓸리지 않고 자신만의 투자마인드를 올바로 정립해 둔 사람이다.

현금을 쥐고 있어라

일단 경기침체가 계속되면 무엇보다 우선시해야 하는 원칙이 있다. 전체 자산에서 현금자산의 비중을 늘리는 것이다. 부동산이나 실물자산에 투자하는 재테크 방법도 있지만 가끔은 이 또한 자제해야 한다. 현재 부동산 시장은 너무나 혼란스럽다. 가격 폭락도 점쳐지는 상황이니 여유가 있다고 선뜻 매물을 샀다가는 낭패를 보게 될 수도 있다. 실물자산도 안전지대라고 보기는 힘들다. 미국의 실물경제 악화로 인해 전 세계적인 소비수요 감소와 이에 따른 실물수요 감소가 진행되리라는 예측이 지배적이다.

따라서 유동성을 높여 회복기 투자에 대비하는 것을 기본 방안으로 삼아야 한다. 최초 목표수익률에 도달한 펀드나 주식이 있다면 환매하고 CMA^{종합자산관리계좌}나 MMF^{머니마켓펀드}로 옮겨두는 것도 방법이다.

위기일 때 경거망동은 금물!

위기가 곧 기회란 말은 절대 진리가 아니다. 모험을 하기에는 경제상황이 너무 복잡하고 침체되어 있다. 그렇다면 지금은 무조건 투자를 삼가야 할까? 투자의 기본 원칙은 쌀 때 사서 비쌀 때 파는 것이다. 하락장일 때 새로운 투자를 해야 한다는 의미다. 하지만 아직 경기의 변동성이 큰 시점인 만큼 안정성을 기준으로 투자에 신중을 기해야 한다.

직접투자보다는 간접투자로 투자를 지속하면서, 주식형 펀드나 *거치식 펀드보다 **주가연계증권^{ELS}, ***주가연계펀드^{ELF}에 적립식으로 투자하는 것이 좋다. 고금리 특판 예금, 국공채 채권 등 확정금리 상품에 투자하는 것도 한 가지 방법이다.

경기침체가 장기화되면 주식시장의 변동성으로 개인투자자는 혼란스럽다. 이럴 때일수록 어느 정도 유동성을 확보하고 목표수익률을 하향 조정해야 한다. 그리고 전문가에게 조언을 얻어 장기투자와 분산투자의 포트폴리오를 구성한다면 요즘 같은 자산관리의 암흑기를 헤쳐나갈 수 있을 것이다.

펀드! 장기투자로 웃는다

"인간은 시장을 이길 수 없다"는 미국 월가의 격언처럼 누구라도 단시간에 시장의 흐름을 역전시킬 수는 없다. 요즘 같은 시장에서 투자자는 고민에 빠진다. 더 하락하기 전에 팔았다가 시장이 바닥에 근접했을 때 다시 투자해서 손실을 만회할지, 아니면 그냥 갖고 있을지 결정을 내리기 어려운 것이 사실이다.

인간의 불안심리를 고려했을 때, 하락장에서 고민은 어찌 보면 당연하다. 그러나 일반투자자들이 하락장에서만 환매 여부를 고민하는 것은 아니다. 시장이 활황일 때는 펀드나 변액보험을 환매해 차익을 실현하고, 조정기가 오면 그때 다시 투자해 이익을 더 얻을 수 있으리라는 유혹도 쉽게 떨쳐버리지 못한다. 주가가 바닥일 때 사고 고점에서 환매하는 시점을 귀신같이 안다면 무슨 걱정이겠는가. 하지만 정작 조정을 받으면 더 기다리고, 이후 반등해도 '지금 투자해야 하나' 망설이게 되어 대부분 투자할 시기를 놓치기 십상이다.

일반투자자가 시장을 이길 한 가지 방법이 있다. 바로 시간과 싸우는 것이다. 우리나라 주식시장의 여러 가지 특성 중 하나가 하락할 때는 그 기간이 오래간다는 것이다. 반면에 상승할 때는 기간이 짧은 경향이 있다. 조금씩 장기간 하락하다가 단기간에 낙폭을 만회하는 급등장세를 연출하는 특징을 가진다. 때문에 단기투자자들은 짧은 상승장을 놓칠 가능성이 크다.

급등 효과를 기대하려면 투자기간을 길게 가져가라

급등하는 시기마다 놓치지 않고 효과를 보기 위해서는 투자기간을 길게 가지고 기다리는 수밖에 없다. 일반투자자가 하락을 멈추고 급등장세로 돌아서는 시점을 판단하기가 쉽지 않기 때문이다.

그렇다면 시간을 길게 가져간다는 것은 어떤 의미일까. 펀드나 변액보험에 적립식으로 투자하는 경우를 예로 들어보자. 장기 하락장에서는 불확실성이 높아져 우량회사의 주식가격이 대부분 내려간다. 이런 회사의 주식이 편입된 펀드나 변액보험에 정기적으로 장기간 투자하는 것이다. 그러면 장이 하락했을 때 싼값에 우량한 투자자산을 많이 확보하게 된다.

이후 시장이 급등하거나 상승세를 이어가면 싸게 사둔 투자형 상품, 즉 펀드나 변액보험의 가격이 올라 비싼 가격에 환매할 수 있다. 그러므로 기간을 충분히 가진다면 투자효과를 크게 보게 될 것이다.

펀드 평가사 제로인의 최근 자료에 따르면, 지난 1999년 출시되어 현재까지 시장에서 판매·운용되고 있는 100억 원 이상 국내 주식형 펀드는 총 17개다. 올해로 10년째 운용되는 이들 펀드의 10년간 평균 누적수익률은 186.02%로 나타났다. 연평균 18% 이상 수익을 낸 셈이다. 이런 수익률은 장기투자상품이 어떤 투자자산보다 매력적임을 보여주기에 충분하다. 특히 이 기간에 외환위기나 카드대란 등 어려운 고비를 넘기며 얻어낸 성과임을 감안하면 더욱 의미 있는 수치다.

투자기간과 펀드 수익률은 비례한다

이번에는 좀더 짧은 기간의 성과를 살펴보자. 위 자료에서 3년 이상 운용된 126개 주식형 펀드의 3년간 평균 누적수익률은 53.1%로 분석되었다. 코스피 지수가 같은 기간에 45.4% 상승한 점을 감안하면 시장수익률을 초과하는 실적이다. 2년 이상 운용된 펀드의 연평균수익률인 11.8%와 비교하더라도 투자기간이 길수록 펀드의 수익률이 높다.

생명보험협회에 따르면 장기적립식 투자상품인 변액보험의 2007 회계연도 초회보험료가 5조 원에 육박하는 것으로 나타났다. 이는 장기투자의 매력을 반영하는 결과이며 전년도에 비해 2배, 5년 전에 비해 10배가량 급성장한 수치다.

하지만 펀드나 변액보험 등 투자형 상품은 시장수익률 이상의 이익을 얻는 반면에 손해도 볼 수 있다. 그렇기 때문에 투자 성향이나 목적에 맞는 펀드 유형을 선택해 리스크를 줄여야 한다. 또 보험사마다 다르지만 변액보험은 많게는 연간 12회까지 펀드 유형을 변경하는 기능이 있다. 이를 잘 활용해 시장상황에 따라 주식형이나 채권형의 투자비중을 조절하면서 더 나은 이익을 추구할 수도 있다.

이처럼 자신이 감당할 수 있는 위험수준과 원하는 수익을 고려해 시간과 느긋하게 싸워나간다면 시장을 이기는 투자자가 될 것이다.

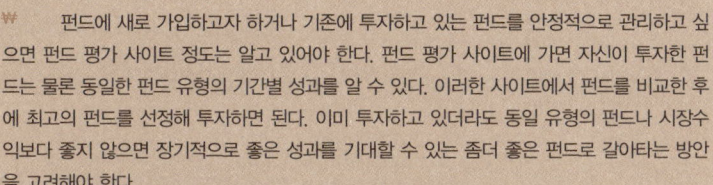

Action Plan 유용한 펀드 검색 사이트

₩　　펀드에 새로 가입하고자 하거나 기존에 투자하고 있는 펀드를 안정적으로 관리하고 싶으면 펀드 평가 사이트 정도는 알고 있어야 한다. 펀드 평가 사이트에 가면 자신이 투자한 펀드는 물론 동일한 펀드 유형의 기간별 성과를 알 수 있다. 이러한 사이트에서 펀드를 비교한 후에 최고의 펀드를 선정해 투자하면 된다. 이미 투자하고 있더라도 동일 유형의 펀드나 시장수익보다 좋지 않으면 장기적으로 좋은 성과를 기대할 수 있는 좀더 좋은 펀드로 갈아타는 방안을 고려해야 한다.

다음은 각 운용사들의 펀드 성과를 알아볼 수 있는 사이트이다.
한국펀드평가 www.fundzone.co.kr
제로인 펀드닥터 www.funddoctor.co.kr
모닝스타코리아 www.morningstar.co.kr
자산운용협회 www.amak.or.kr

▶▶▶ 위기란 단어 앞에 차분함을 유지할 사람이 몇이나 될까? 온 세상이 혼란의 소용돌이에 휩싸여 있는데 나 홀로 꼿꼿한 자세를 유지한다는 게 얼마나 어려운가. 하지만 진정한 고수들은 혼란 속에서도 결코 서두르지 않는다. 그들은 차분하게 생각을 정리하고, 쉬지 않고 계속 움직이면서 투자의 적절성을 따져본다.

투자의 귀재인 워렌 버핏은 이런 고수의 내공을 잘 보여준다. 그는 자신만의 원칙에 따라 투자하는 것으로 유명하다. 제1원칙은 '손해를 보지 않는다'이고 제2원칙은 '제1원칙을 잊지 않는다'이다. 너무 뻔한 말이지만 진리라는 게 원래 단순하지 않은가.

그러나 단순하고 상투적인 문장으로 이루어진 진리일수록 지키기 어려운 법이다. 워렌 버핏은 '투자에서 수익 관리보다는 손해를 보지 않기 위한 리스크 관리가 더 중요하다'는 원칙을 고수하고 있다. 이 또한 쉽게 지킬 수 있는 원칙이 아니다.

설령 워렌 버핏 같은 투자의 귀재는 아니더라도 투자를 할 때는 반드시 원칙이 있어야 한다. 자신만의 원칙이 되었든 다른 사람이 성공을 거둔 원칙이든 간에 그만큼 목표를 달성할 가능성은 높아질 것이다.

일반적인 재테크에서도 성공 가능성을 높이는 투자원칙이 있다.

첫째, 원금 손실의 위험성을 낮추는 투자를 위해 고려해야 하는 '안정성'이다.

둘째, 투자의 궁극적인 목적인 수익을 얼마나 얻을 수 있는지 따져보는 '수익성'이다.

셋째, 투자금액을 쉽게 현금화할 수 있는지 따져보는 '환금성'이다.

이 세 가지 원칙을 지키느냐에 재테크의 성공 여부가 달려 있다.

물론 자신의 투자성향에 따라 안정성, 수익성의 우선순위는 바뀔 수 있다. 일반적으로 공격적이고 적극적인 성향의 투자자일수록 수익성에 좀 더 비중을 둔 투자를 한다. 반면, 안정적이고 보수적인 성향의 투자자는 안정성에 중점을 둔 투자를 선호한다.

리스크 관리로 안정성을 확보하라

재테크에서 안정성은 수익성과 상반된 투자원칙이다. 안정성을 높이려면 투자위험을 낮춰야 한다. 투자위험이 적은 투자는 은행의 예·적금 상품처럼 수익이 확정된 상품들이 주를 이룬다. 이런 투자는 시장에서 평균수준의 수익은 기대할 수 있어도 추가수익은 얻지 못한다. 반대로 수익성을 높이려면 안정성은 어느 정도 포기해야 한다. 'high risk, high return'의 법칙을 따라야 한다는 것이다. 그리고 수익성과 안정성 중에서 어떤 것에 비중을 둘지 따져보려면 일단 자산배분에 관해 파악해두어야 한다.

자산배분이란 개인의 투자성향과 위험 감수 수준 및 재무상황 등을 고려한 안전자산과 위험성은 높지만 추가수익도 노려볼 만한 상품에 투자금액을 적절히 배분하는 것이다. 이른바 분산투자를 말한다. 예·적금, 채권, 주식, 펀드나 변액보험 같은 간접투자상품, 부동산 등 다양한 투자대안에 금액을 분산투자해 포트폴리오를 구성하는 방식이다. 이를 통해 위험과 수익률을 자신이 감내할 만한 수준으로 설정한다.

포트폴리오를 구성할 때 안정성 확보는 두말할 나위 없이 중요하다. 안정성 확보를 위해서 일정 금액을 확정금리형 상품과 원금이 보장되는 주가지수연동예금ELD 등 복합예금상품에 투자한다.

변동성 있는 상품은 *분할매수하는 방식으로 투자한다. 특히 펀드나 변액보험 같은 간접투자상품은 분할매수하는 것이 안정성과 수익성을 높이는 데 효과적이다. 분할매수 방식의 투자는 결과적으로 평균매입단가를 낮추는 효과가 있다. 따라서 시장이 하락기조에 있을 때는 분할매수를 하지 않을 때보다 하락폭이 작다. 상승기조에 있을 때도 한꺼번에 투자한 경우보다는 상승폭이 낮지만 경기변동에 민감하게 반응하지 않아 안정적인 투자수익을 얻을 수 있다. 이런 효과로 인해 적립식 형태의 투자가 많으며, 목돈을 투자할 때도 한꺼번에 납입하지 않고 나눠서 투자한다.

*분할매수 특정 종목 주식을 일정 기간 점차로 매수해나가는 것 이는 해당 주식의 가격 상승을 유발하지 않으면서 물량을 확보하기 위해 주로 이루어진다.

결국 수익이다

투자 후 수익률 관리에도 전략이 필요하다. 상승탄력이 떨어지는 상품은 당초의 자산배분 비중에 맞게 재구성하고, 마이너스 폭이 크더라도 향후 전망이 좋은 상품은 그대로 유지한다.

적립식 투자인 경우 시장변동에 민감하게 반응하지 말고 투자비중을 유지하는 것이 좋다. 해외투자상품은 특정 국가에 집중하는 대신 지역적으로 분산되어 있는 상품에 투자하는 것이 위험관리에 도움이 된다.

하지만 수익률을 관리할 때 선행되어야 할 것이 있다. 현실에 맞는 목표수익률을 설정하고 자신이 정해놓은 수익률이 달성되면 과감히 수익을 환수하는 것이다. 목표수익률이 높으면 '조급'과 '과욕'이 반복되어 실패의 원인이 되기 때문이다.

수월하게 현금화할 수 있는지 따져보라

투자에서 리스크는 원금 손실의 위험만 있는 것이 아니다. 환매나 해약의 제약을 몰라서 제때에 현금화하지 못해 자금을 사용하지 못한다면 이 또한 리스크라고 할 수 있다. 때문에 투자 시 환금성의 제약 여부도 반드시 고려해야 한다.

펀드나 변액보험은 상품의 유형에 따라 채권형과 주식형에 배분해 투자한다. 환매 요청이 들어오면 주식이나 채권을 매도하는 과정을 거치게 되므로 영업일 기준으로 4일째에 현금이 입금된다. 해외펀드는 8~9일 정도 소요된다. 따라서 자금지출계획에 맞게 미리 환매를 요청해야 한다.

재테크의 시작이 튼튼하면 좋은 성과를 낼 수 있는 체력이 만들어진다. 처음에 세웠던 위험과 수익성의 균형을 유지하려는 노력이 필요하며, 수익창출도 중요하지만 리스크 관리에 중점을 두면서 지키는 투자에 집중하라.

Action Plan 혹, 당신의 가정에 위험신호가?

₩ 가계를 효과적으로 운용하기 위해서는 대박의 환상보다 기본에 충실해야 한다. 가계를 운용하면서 일정 기준을 초과하면 위험신호가 온다. 그래서 체계적인 기준을 세울 필요가 있다. 먼저 기준부터 세우고 난 뒤에 지출뿐만 아니라 부채 관리까지 꼼꼼하게 해야 한다. 다음은 가계 운용에서 위험신호가 들어오는 기준이다. 이를 참고해 가계를 체계적으로 운용하도록 하자.

구분	항목	위험신호
지출	생활비나 단기자금	수입의 50% 이상
	자녀교육비	수입의 20% 이상
	보장성 보험	수입의 7% 이하, 10% 이상
	장기투자상품	수입의 20% 이상
부채	총자산대비 부채비중	30% 이상
	소득대비 총부채비용비중	35% 이상
	주택대출 제외 소득대비 부채비중	20% 이상
기타	비상예비자금	월 소득의 4배 이상 / 금융자산

▶▶▶ 대부분의 사람들은 자신이 합리적인 소비자라고 생각한다. 물건을 고를 때 분명히 필요해서 구매한다고 생각하고, 다른 상품과 비교해 값이 싸고 품질이 좋은 제품을 고른다고 믿는다.

하지만 현실은 그렇지 않다. 일단 지름신이 강림하게 되면 상품을 선택하는 이유는 자신을 설득하기 위한 변명에 지나지 않는다. 게다가 그 지름신이라는 것도 자신의 순수한 욕망이 아니라 소비자들의 눈과 귀를 뒤덮고 있는 광고에 의해 유발된, 만들어진 욕망에 불과하다.

금융상품을 선택할 때도 마찬가지다. 각종 언론매체를 통한 광고의 홍수 속에서 허우적거릴 때가 많다. 은행이나 투신사 창구직원의 말솜씨에 반쯤 정신이 나간 상태에서 애초에 가졌던 자신만의 투자기준은 온데간데없이 사라져버리고 만다. 더욱 가관은 그 투자기준이란 것도 말이 안 된다는 사실이다. "수익은 최대한 높게, 원금은 절대 손해 볼 수 없으며, 언제든지 필요할 때는 현금으로 바꿀 수 있어야 한다"는 것이 투자기준이다. 그야말로 모든 것이 완벽해야 한다. 세상에 이런 상품이

존재한다면 누구나 다 부자가 되었을 것이다.

결국 상품에 대한 기본적인 이해도 없이 덥석 계약을 해놓고, 운이 좋아서 수익률이 좋으면 본인의 판단능력에 우쭐해한다. 반대로 원금 손실이라도 나게 되면 판매직원과 말싸움은 기본이고 법정다툼까지 이어지는 경우도 많다.

과연 어떠한 기준을 가지고 있어야 그 많은 광고와 유혹 속에서 합리적인 선택을 할 수 있는지 구체적인 가이드라인을 알아보자.

저위험과 고수익, 두 마리 토끼를 다 잡을 수는 없다

원금 보장 여부와 수익률 중에서 하나는 포기해야 한다. 둘 다 보장되는 상품은 있을 수가 없다. 위험과 수익은 역의 관계에 있기 때문이다.

은행에서 판매하는 전통적인 금융상품인 원금보장형 상품을 버리고 주식형 펀드로 가는 것은 결국 수익률이 뛰어나기 때문이다. 하지만 동시에 그만큼의 위험도 내포하고 있다는 점을 꼭 명심해야 한다.

근래에 들어 많은 펀드들이 투자원금에도 훨씬 못 미치는 마이너스의 수익률을 내고 있다. 이 또한 투자자들이 감수하기로 한 리스크, 즉 위험이다. '고위험'은 가장 높은 수익률을 추구하고 '저위험'은 은행금리보다 조금 높은, 그 대신에 위험이 없을 정도라고 이해하면 된다.

요즘 많은 펀드 관련 사이트에서 펀드의 수익률을 공시하고 있다. 금융상품을 선택하기에 앞서 투자자는 스스로 얼마만큼의 수익을 올리고 싶은지 목표수익률을 정하고 투자해야 한다. 큰 기대수익을 원한다면 그 만큼 위험이 잠재되어 있는 '성장형 펀드'^{주식형}에, 기대수익이 적으면 '채권형 펀드'에 가입하는 것이 바람직하다

수익이 높다고 환금성이 좋은 것은 아니다

투자에서 수익성 못지않게 중요한 것이 바로 환금성이다. 환금성은 유동성이라고도 하는데, 필요한 경우에 언제든지 현금으로 바꿀 수 있는 성질을 말한다. 이와 관련된 문제는 주로 부동산 투자를 하는 경우에 많이 발생한다.

예를 들어 5년 전에 4억 원짜리 땅을 구입하면서 2억 원을 투자하고 모자라는 돈은 은행 융자를 이용했다. 여기에 토목공사비 1억 원이 들었다. 현재 시세는 구입 당시보다 약 2배라고 가정해보자.

얼핏 보면 놀라운 수익률이지만 그동안 들어간 재산세나 대출이자도 감안해야 한다. 게다가 비업무용 나대지이므로 처분할 때 60%나 되는 양도소득세를 납부하고 나면 손에 쥐는 연간 수익률은 겨우 10% 남짓이다. 그나마 실제로 땅을 살 임자가 나타나야 실현되는 수익률인데 매수자를 찾는 것도 쉬운 일은 아니다.

이처럼 겉으로 드러난 수익률은 높지만 실제로 그 가치를 실현하고자 했을 때 실질적인 수익률은 예상 외로 낮게 나오거나 현금으로 전환하기 어려운 경우가 자주 발생한다. 따라서 금융상품을 선택하는 기준에는 얼마나 환금이 용이한가를 꼭 포함시켜야 한다.

예금자 보호의 한계는 어디까지?

일반적으로 예금자 보호가 되는 은행상품은 무조건 안전하다고 믿는 경향이 있다. 반면에 실적 배당 방식인 펀드상품은 아주 위험하다고 생각한다. 물론 조건부로만 맞는 말이다.

예금자보호법에서 정부가 보장해주는 금액은 원금과 이자를 합쳐 5,000만 원에 불과하다. 따라서 그 이상의 금액이라면 이야기가 달라진다. 가령 5억 원의 금융자산을 보유한 자산가는 나머지 4억 5,000만 원을 떼일 수도 있다.

금액이 5,000만 원 이상이면 안전성을 포기해야 할까? 그건 아니다. 정부가 보호하는 기준은 금융기관별로 1인당 5,000만 원이다. 이때 금융기관은 지점이 아니라 법인을 가리킨다. 따라서 서로 다른 은행이나 증권회사, 저축은행 등을 이용한다면 전액을 보호받을 수도 있다. 그래서 안정성을 최우선으로 삼는 투자자라면 금융상품이나 투자시기에 따른 분산투자에만 주의를 기울여서는 안 된다. 이외에 금융기관에 대한 분산도 중요하게 고려해야 한다.

그러나 목돈을 여러 군데 나누어 소액으로 투자하다 보면 수익률 면에서 만족스러울 수가 없다. 흔히 위험하다고 생각하는 펀드상품의 경우에도 주요 관계 금융기관인 판매사, 운용사, 수탁사가 판매와 운용, 보관의 역할이 다르다. 어느 금융기관이 망하더라도 전체 금액의 안전에는 이상이 없는 것이다.

예금자보호법에 기대어 절대적인 보장을 추구하기보다는 안전하게

운용되는 구조를 가진 *실적배당상품에 주목

하는 것이 바람직한 투자태도다. 이런 상품들

*실적배당상품 운용실적에 따라 수익이 변동되는 상품.

중에서 하나 골라보라고 한다면 금융소득종합과세도 피하고 비과세 혜택까지 곁들일 수 있는 변액유니버설보험이 추천할 만하다.

금융상품도 궁합이 맞아야 한다

남들이 권하는 금융상품이 아니라 자신의 투자성향과 라이프사이클에 맞는 상품을 선택해야 한다. 아무리 좋은 상품이라도 자신과 궁합이 맞지 않으면 신경이 쓰여 본업에도 충실하지 못하고 스트레스만 쌓인다. 그러다가 결국 못 참고 해약해서 이중으로 손해를 보게 된다. 사람마다 투자성향이 다르고 자금의 소요시기 및 용도 등이 천차만별이다. "너 자신을 알라"는 소크라테스의 말이 투자의 시발점이다. 자기 자신조차 분석하지 못하고서 어떻게 금융상품을 분석할 것인가? 자신이 보수적인 성향의 사람인지, 공격적인 성향의 사람인지, 아니면 그 중간자적인 성향의 사람인지 먼저 생각해보아야 한다.

만약 본인이 공격적인 성향이라고 판단되면 주가 상승 초기에 '주식형' 상품에 가입하는 것이 바람직하다. 반대로 보수적인 투자성향을 지닌 사람이라면 안정적인 '채권형' 상품에 가입하는 것이 좋다. 또한 자금 소요 시기에 따라 초단기형부터 단기형, 중기형, 장기형 등에 분산투자해야 한다. 대형주 펀드 같은 것은 장기로 갈수록 빛을 내며, 중소형주나 성장주는 사이클을 이루면서 어느 정도 시간이 지나면 한 번씩 상승한다. 꾸준한 수익을 올리려면 배당형 펀드가 유망하다.

금융상품 선택에서 굵직굵직한 줄기는 모두 살펴보았으니 이제 조그마한 팁들을 살펴볼 차례다.

* 돈을 모으는 것과 굴리는 것을 구분할 줄 알아야 한다. 모으는 단계를 거쳐야 굴리는 단계가 온다. 어느 정도 종자돈을 모았다면 굴릴 때는 좀 더 공격적인 금융상품에 가입해야 한다.
* 자신의 나이도 고려해야 한다. 같은 금융상품이라도 20대 사회초년생과 50대 노후준비세대에게 그것은 전혀 다른 의미다.
* 작은 이익에 휘말려 유사 상품에 가입하지 말고 각 금융기관별로 전면에 내세우고 있는 핵심 상품에 가입하자. 사후관리에서 큰 차이가 발생하게 된다.
* 라이프사이클을 고려해 필요자금이 큰 순서대로 우선 가입해야 한다. 노후자금은 소액으로 지금 당장 장기납으로 가입하자.
* 돈이 필요한 시점과 만기를 일치시키자. 특히 필수적이고 거액일수록 정밀하게 맞추어야 한다. 예를 들어 자녀교육자금, 주택마련자금, 주택확장자금, 치명적인 질병보장자금, 은퇴자금이 여기에 해당한다.
* 중도해지 시의 불이익을 인식하고 있어야 한다. 혹시라도 자금이 부족하거나 긴급하게 돈이 필요한 시점이 오면 자신이 보유한 금융상품의 해약 순서를 미리 결정하는 기준이 되기 때문이다.

★ 가장 긴 재무목표를 달성하기 위한 금융상품은 지금 당장 가입해야 한
   다. 복리효과는 기간이 길수록, 수익률이 높을수록 커지기 때문이다.
★ 비상예비자금은 CMA나 MMF로 가입하자. 은행의 보통예금보다 훨씬
   높은 금리를 지급한다.

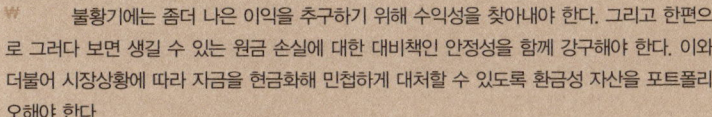

Action **Plan** 불황기의 포트폴리오 법칙?

₩   불황기에는 좀더 나은 이익을 추구하기 위해 수익성을 찾아내야 한다. 그리고 한편으
로 그러다 보면 생길 수 있는 원금 손실에 대한 대비책인 안정성을 함께 강구해야 한다. 이와
더불어 시장상황에 따라 자금을 현금화해 민첩하게 대처할 수 있도록 환금성 자산을 포트폴리
오해야 한다.

〈포트폴리오 활용〉

구분	부동산	적금	직접투자	간접투자
수익성	△	×	○	○
안정성	△	○	×	△
환금성	×	○	○	○

꼭 알아두어야 할
금융상품별 특징

금융
상품

04

▶▶▶ 재테크를 하겠다고 굳게 결심하지만 처음 부딪히는 벽 가운데 하나가 금융상품의 종류가 많아도 너무 많다는 것이다. 더군다나 상품 용어도 어렵고 영어로 뒤범벅이 되어 있다. 도대체 무엇을 고르라는 말인지 일목요연하게 정리된 도표라도 있었으면 하는 심정이다.

금융상품을 선택하는 데 가장 우선시해야 할 것은 안전성과 수익성, 환금성이다. 그리고 이에 못지않게 중요한 것이 투자 가능한 기간과 투자자금의 성격 및 본인의 투자성향을 파악하는 것이다.

좀더 구체적으로 들어가면 각 금융상품별 특징과 장단점을 파악해두어야 한다. 이러한 사항들을 완전히 파악하지 못한 채 투자한다는 것은 기초 훈련은 튼튼히 해놓고 막상 과녁 앞에서는 눈 감고 시위를 당기는 꼴이나 마찬가지다.

다음은 다양한 많은 금융상품들을 한눈에 비교할 수 있도록 표로 정리한 것이다.

구분	상품명	가입사	최소가입금액	금리	특징
수시 입출금식	자유저축예금	은행	제한 없음	확정금리	투자금액, 투자기간 제한 없음
	MMF	은행/증권		실적배당	증권사마다 금리 다름
	RP (환매 조건부 채권)	증권	제한 없음 *가입기간별 차등금리	확정금리	–
	MMT (신탁)	은행/증권	최소가입금액: 금융사마다 상이 *가입기간별 차등금리	확정금리	금융사마다 금리 다름
	MMDA	은행	금액별 차등금리	확정금리	1억 원 이상이어야 경쟁력 있음
	CMA (어음관리구좌)	증권	제한 없음 *가입기간별 차등금리	변동금리	증권사마다 금리 다름
1개월 이상	채권	증권	제한 없음	확정금리	신용등급, 채권 종류 및 만기에 따라 금리 다름
	신탁	은행/증권	제한 있음	확정금리	기간별 금리 차등 적용 가입기간: 최소 1개월~최대 1년
3개월 이상	CP (기업어음)	증권	1억 원 이상	확정금리	발행사 신용등급에 따라 금리 적용, 3개월 이내 상품이 주류
	CD (양도성예금증서)	은행/증권	5,000만 원 이상	확정금리	투자기간 다양, 실세금리, 은행보다 증권사 금리가 1%가량 유리
	표지어음	은행/종금사	100만 원 이상	확정금리	–
1년 이상	펀드	은행/증권	제한 없음	실적배당	실적배당형 상품
	세금우대종합저축	모든 금융기관	최저 제한은 없으나 최고 한도는 있음 *가입시 세금우대 지정 요청 필수	확정금리	가입기간: 1년 이상 세금우대 혜택 저축한도 미성년자: 1,500만 원 경로우대: 6,000만 원 장애인, 상이자: 6,000만 원
	ELS(주가연계증권)	증권	100만 원 이상	실적배당	주식과 연계해 금리 적용 원금 손실 가능성 있음
	ELF(주가연계펀드)	은행/증권		실적배당	
	ELD(주가연동예금)	은행		실적배당	원금 보장
7년 이상	장기주택마련저축	은행/증권 /보험	최저 제한은 없으나 최고 한도는 있음	최소 3년	7년 이상 불입 시 비과세, 소득공제 연 300만 원 한도 내에서 불입액의 40% 한도, 2009년 12월까지만 가입 가능
	장기주택마련펀드			실적배당	
	장기주택마련보험			보험	

* 확정금리는 가입시 기준임.

재테크의 초석이 되는 금융 지식

금융상품 가입 시 놓치지 말아야할 것들 중 하나가 약관이다. 나름대로 수익성과 안정성을 따져 가며 금융상품을 선택했다지만 막상 약관을 꼼꼼히 살피지 않아 낭패를 보는 경우가 적지 않기 때문이다. 금융감독원이 발표한 보도자료에 따르면 일반 금융상품 소비자들이 금융상품을 선택할 때는 단연코 수익성을 우선시 했으며, 금융회사 선택 시에는 안전성을 중시한 것으로 나왔다. 하지만 해당 상품의 약관을 읽어보는 소비자는 48.3%로 2006년의 51.3%보다 3.0% 낮아진 것으로 조사됐다.

Action Plan 종잣돈은 2~3년 강제저축하고,
2배수 전략으로 나가야 한다

급여생활자가 월급만으로 부자가 되기는 어려운 일이다. 하지만 근검절약해서 월급을 차곡차곡 모은다면 어느 순간 투자가 진행되면서 부자가 될 수도 있다. 그 기준이 되는 것이 종잣돈이다. 급여수준에 따라 다르지만, 종잣돈은 누구나 2~3년만 투자마인드를 갖고 강제저축을 하면 만들 수 있다.

일단 목표한 종잣돈이 만들어지면 그다음부터 종잣돈을 2배수로 불려나갈 수 있게 해야 한다. 예컨대 2년 동안 3,000만 원의 종잣돈을 모았다면 그다음 목표는 6,000만 원이어야 한다. 6,000만 원을 만들 때와 3,000만 원을 모을 때는 다르다. 그동안 모은 종잣돈으로 더 많은 투자의 기회를 가질 수 있다. 게다가 계속되는 급여저축으로 인해 그 기간은 짧아질 것이다. 1억 2,000만 원을 만드는 것도 마찬가지다.

이와 같이 종잣돈은 목돈 모으기와 병행될 때 최고의 힘을 발휘한다. 투자마인드를 갖고 2배수 전략으로 밀고 나간다면 목돈 모으기는 어렵지 않게 이루어진다.

최소한 원금은 지켜주는 원금보전형 상품

▶▶▶ 증권사 객장이나 상담창구에 가면 어깨를 축 늘어뜨린 투자자들의 모습을 자주 볼 수 있다. 세계적인 경기침체로 해외 투자상품의 성적이 저조하고 국내 상품 또한 바닥을 기고 있다. 대부분의 상품들이 마이너스 수익률을 기록하면서 수익은커녕 손실만 입지 않아도 다행인 상황이다. 그렇다고 앞으로 금융시장이 회복될 만한 뚜렷한 상승 모멘텀을 찾기도 쉽지 않아 보인다.

이런 때 과연 내가 투자를 해야 하는지 근본적인 회의에 빠질 수가 있다. 지금까지 투자하고 있던 상품에서도 재미를 보지 못했고, 새로 쏟아져 나오는 상품들은 말만 요란할 뿐 신뢰가 가지 않는다. 차라리 초심으로 돌아가 전통적인 재테크 방법으로 눈길을 돌려보는 것은 어떨까?

지금처럼 증권시장이 붕괴되기 이전의 몇 년 동안 주식시장의 호황이 이어졌다. 그 당시 각 금융회사마다 앞다퉈 고수익을 내세운 금융상품들을 만들어 판매했다. 투자자들도 안정성보다는 수익성을 추구하는 성향이 강했다. 따라서 수익성이 상대적으로 낮은 원금보전형 상품들은 외면을 받았다. 현 시점처럼 투자위험성이 높은 상황에서는 원금보전형 상품들이 새로운 투자대안으로 부상하고 있다.

은행권 전통의 강자, 정기예금

가장 먼저 손꼽을 수 있는 것이 정기예금이다. 정기예금은 가입대상이나 저축한도 등에 특별한 제한이 없어 누구나 손쉽게 이용할 수 있는 상품이다. 그리고 예금자 보호 대상에 해당되어 원금과 이자를 합쳐 5,000만 원까지 보호를 받을 수 있다. 현재 일반은행과 저축은행의 정기예금 금리가 지속적으로 상승하고 있어 안정적인 수익원으로 또다시 높은 관심을 받고 있다.

은행마다 특판 예금을 출시하는 경우도 있으므로 이것을 이용하면 고수익을 올릴 수 있다. 특판 예금이란 시중자금의 단기 부동화 현상이 심화될 때에 은행권이 유동성을 확보하기 위해 내놓는 상품이다. 기존 금리보다 훨씬 높은 금리를 제공하지만 한시적으로 운영되고 선착순으로 판매하는 경우가 많으므로 기회를 잘 잡아야 한다.

기존의 정기예금은 중도에 해지하면 약정금리보다 낮은 중도해지이율이 적용되어 불이익을 받을 수 있다. 그러나 요즈음 새로 시판되고 있는 정기예금 중에는 정해진 횟수만큼 분할해지가 가능하거나 중도에 해지하더라도 약정이율을 지급하는 옵션형 정기예금도 있어 기존의 단점을 보완해준다.

종금사에도 비슷한 게 있다, 발행어음

종합금융회사가 영업자금을 조달하기 위해 자체 신용으로 융통어음을 발행해 일반투자자에게 판매하는 형식의 금융상품이 발행어음이다. 예금자 보호도 되고 1년 약정 시에는 세금우대도 가능하다. 이러한 점을 고려하면 은행의 정기예금과 비슷한 역할을 한다.

금리는 정기예금 금리보다 보통 1% 정도 높은 편이다. 중도해지할 경우에는 중도해지이율이 적용된다. 약정기간의 절반 이하이면 약정이율의 절반, 그 이상이면 70%를 지급한다. 하지만 저축금의 일부만 해지할 수도 있다. 중간에 긴급하게 자금이 필요할 경우에 전액 해지하지 않고 필요 금액만 해지해 금리 손실을 어느 정도 줄일 수 있는 것이다.

발행어음은 실제로 어음을 발행하는 것은 아니다. 통장을 만들어 고객이 어음을 구입하면 통장에 어음번호와 만기일자, 액면금액 등을 표시해준다. 그러므로 괜히 '어음'이란 단어에 어려워하고 주눅들 필요는 없다. 잘만 활용한다면 안정적인 수익을 얻는 소중한 재테크 수단이 될 수 있다.

만기만 채우면 원금은 보장된다, 주가지수연동예금

마지막으로 주가지수연동예금ELD이 있다. 영어로 된 비슷한 용어들이 많아 헷갈리기 쉬운데 ELS는 '증권'을, ELF는 '펀드'를 뜻한다.

은행 상품인 주가지수연동예금은 투자원금을 정기예금 같은 안전한 자산에 운용해 만기 시 원금을 보장해준다. 그리고 앞으로 발생할 예금이자를 미리 계산해 일부 또는 전부를 주가지수 움직임에 연동한 파생상품에 투자해 보다 높은 수익을 추구하는 상품이다. 투자한 파생상품에서 손실을 보더라도 만기 시에는 원금을 보장받을 수 있다는 뜻이다. 다만 중도해지 시에는 원금 보장이 안 되니 유의해야 한다.

이런 측면에서 ELS나 ELF에 비해 안전성이 높다는 장점이 있다. 그러나 리스크 부담이 적은 대신 기대수익은 ELS나 ELF에 비해 다소 낮다는 점을 감안해야 한다.

Action Plan 아직도 회전식 예금을 복리만 생각하고 가입한다고?

₩ 회전식 예금은 1개월, 2개월, 3개월, 6개월 등의 회전주기를 선택해 약정주기마다 복리로 시장 실세금리를 적용하는 상품이다. 이 상품은 예금자 보호뿐만 아니라 1년 이상 유지 시에는 세금우대까지 가능하다. 하지만 금리 하락기에는 지속적으로 하락하는 시중 실세금리를 약정된 주기마다 적용받기 때문에 1년 이상의 예금상품보다 이자수익이 불리하다.
단기자금인 경우 금리 하락기에는 하루를 맡겨도 이자를 주는 CMA를 이용하고, 금리 상승기에는 회전식 예금을 이용하는 것이 현명한 유동성 자금 관리법이다. 경기침체 시에는 경기부양을 목적으로 기준금리 인하정책을 펼친다. 따라서 복리보다는 경기 동향에 따른 금리를 보면서 회전식 예금에 가입해야 한다.

▶▶▶ 재테크에 대해서 이러쿵저러쿵 말도 많지만, 결국 한마디로 요약하자면 '수익은 극대화하고 지출은 최소화하는 것'이다. 이런 말을 하면 그 뻔한 이야기를 누가 모르냐고 빈정대는 사람들도 있을 것이다. 하지만 이 말이 지닌 참된 의미를 제대로 파악하고 있는 사람은 그리 많지 않다. 대부분의 사람들은 '수익 극대화'만 보고 '지출 최소화'에는 관심을 기울이지 않는다.

수익을 극대화하는 데는 분명 한계가 존재한다. 특히 우리나라의 부동산 시장이나 주식시장은 적잖은 위험요소를 가지고 있어 자칫 잘못하면 수익은커녕 손실만 잔뜩 안게 되는 것이 현실이다.

그러므로 안전하게 수익을 높이고 싶으면 지출을 최소화하는 관점에서 실행하는 재테크가 필요하다. 아무리 돈을 많이 벌어보아야 소용이 없다. 이리저리 빠져나가는 구멍이 많고 씀씀이가 크다면 그 사람 수중에 돈이 남아나지를 않을 것이다.

세금은 분명히 눈에 보이는 지출이다. 이러한 세금을 법이 허용하는 한도 내에서 최대한 줄일 수만 있다면 가만히 앉아 돈을 버는 셈이다. 그래서 '재테크의 기본이자 첫걸음은 세테크'라고들 말한다.

모두 그런 것은 아니지만 부과된 세금을 다 내기 아까운 생각이 들어서 탈세의 유혹에 넘어가는 사람들이 있다. 호미로 막을 것을 가래로 막는 경우나 진배없다. 나중에 적발되면 엄청난 추징금과 함께 탈세범이라는 꼬리표가 붙어 사회경제적 활동을 아예 못하게 될 수도 있다. 이와 달리 합법적으로 세금을 줄이는 것을 절세라고 하는데, 여기에 특별한 비결이 있는 것은 아니다. 각종 금융상품에 붙은 세금을 이해하고 비과세되거나 세금이 절약되는 상품을 찾아 자신의 재정 설계에 맞추는 것이 세테크의 전부라고 해도 틀린 말은 아니다.

우리가 금융상품을 통해 얻는 수익, 즉 금융소득에 원천징수되는 일반과세율은 15.4%이다. 이자율이 5%인 예금에 가입했을 때 실제로 세금을 떼고 난 후에 얻는 수익률은 4.23%에 불과하다. 너무 아깝다는 생각이 드는가? 그렇다면 지금 소개하는 금융상품들에 조금이라도 관심을 기울여보자.

한 푼도 내기 싫다, 비과세 및 세금우대 상품 (2008년 11월 기준)

〈장기주택마련저축/펀드〉

- 7년 이상 가입 시 비과세이고 2009년까지 가입이 가능하다.
- 저축은 일반 정기적금과 유사하고, 3년은 확정이며, 4년 이후 변동금리가 적용된다.

- 펀드는 자유적립식 펀드로 주식형 혼합형이 판매된다.
- 18세 이상 세대주로 소유 주택이 없거나 기준시가가 3억 원 이하, 전용면적 85㎡ 이하인 주택을 소유하고 있을 경우에 해당한다.
- 분기당 300만 원 이내까지 불입이 가능하다.
- 연간 불입액의 40%, 연 300만 원까지 소득공제가 된다.
  - 근로자의 경우, 월 62만 5,000원 / 연 750만 원
- 5년 이내에 중도해지 시 공제액이 환수되는 점에 주의해야 한다.

〈10년 만기 이상 저축성 보험〉

- 소득세법시행령 제25조에 따라 저축성 보험차익에 대해 이자소득세를 면제 해준다. 다만 보험계약에 따라 최초로 보험료를 납입한 날로부터 만기일과 중도해지 일 또는 최초 원금 인출일까지의 기간이 10년 미만인 경우 과세한다.
- (변액) 연금보험과 (변액) 유니버셜보험 등이 있다.
- 확정 및 변동 공시이율을 적용하고, 변액은 각각의 펀드 운용 수익률이다.

〈생계형 비과세: 노인, 장애인, 국가유공자 등〉

- 노인은 남자 60세 이상, 여자 55세 이상일 경우에 1인당 3,000만 원까지 가능하다.
- 가입 기간이나 상품 종류와 관계없이 모든 금융기관에서 취급, 판매한다.
- 예금자 보호를 받지 못한다. 그러나 자체보호기금에 의해 1인당 5,000만

원까지 새마을금고법에 의해 보호를 받을 수 있다.

- 지역밀착형 금융회사인 각 금고나 신협별로 제시하는 금리가 다르다.
- 비과세와 세금우대, 분리과세대상 상품에 가입된 금융소득의 수익은 종합소득 과세대상에서 제외된다.
- 생계형 저축통장을 통해 서로 다른 펀드에 가입하는 경우, 신탁보수 및 환매수수료 등은 해당 펀드의 약관에 따라 부담한다는 데 유의해야 한다.

조금이라도 세금을 아끼자, 소득공제형 상품

〈연금저축: 연금보험/펀드〉

- 만 18세 이상 국내 거주자라면 가입할 수 있다.
- 최대 300만 원까지 납입보험료의 100%에 대한 소득공제 혜택을 받을 수 있다.
- 10년 이상 통장을 유지하고, 55세 이후 5년 이상 연금으로 수령할 수 있다.
- 연금 수급 시 원금과 이자의 5.5%를 원천징수한다.
- 종합소득세 신고대상이다.
- 5년 이내에 중도해지 시 매년 불입한 금액의 2%가 가산세로 부과된다. 또한 기간에 관계없이 중도해지 시에는 해지원리금 전체의 기타소득세 22%가 부과된다.

주택 활용 돈 불리기, 돈 지키기

〈청약저축〉

● 주택공사 등에서 시행하는 국민주택기금을 지원받아 건립하는 85㎡(25.7평) 이하의 주택청약자격이 주어지는 상품이다.

● 무주택 세대주여야 한다.

● 매년 불입액의 40%까지 소득공제가 가능하다. 이 경우에 청약저축 가입한도가 월 10만 원이고, 연간 소득공제는 48만 원까지 받을 수 있다.

● 국민은행, 우리은행, 농협에서 판매한다.

〈주택임차차입금 원리금상환액〉

● 일용근로자를 제외한 근로소득이 있는 거주자로서 세대주가 지급한 금액 중 다음 요건에 충족되는 근로소득금액에서 공제한다.

　① 과세기간 종료일 현재 주택을 소유하지 않은 세대주여야 한다.

　② 국민주택 규모의 주택, 다가구주택인 때에는 가구당 전용면적을 기준으로 임차를 위해 차입한 차입금의 원리금을 상환하는 경우, 차입금은 주택마련저축 공제대상 저축을 한 자가 당해 저축기관에서 차입한 차입금에 한한다.

　－ 주택마련저축 공제대상 저축

　　• 청약저축 : 월 불입액 10만 원 이하

　　• 근로자주택마련저축

　　• 장기주택마련저축

- 다음 중 적은 금액을 근로소득금액에서 공제한다.

  ① (주택임차차입금 원리금 상환액 + 주택마련저축 불입액) × 40%

  ② 300만 원

〈장기 모기지 대출〉

- 국민주택 규모 이하의 주택(전용면적 85㎡ 이하) 한 채를 취득하기 위해 차입한 15년 이상의 장기주택모기지의 이자 납입액에 대해 1,000만 원까지 소득공제가 가능하다.
- 차입자가 세대주이면서 근로소득자여야 한다.
- 주택소유권 이전 및 보존 등기일로부터 3개월 이내에 대출해야 한다.

Action Plan 세테크, 발 빠르게 바뀐 세법에 적응해야 한다

₩   세제는 1년에 몇 번이고 바뀔 수 있으며 급여생활자나 자영업자 모두에게 가장 민감한 사항이다. 세테크의 첫 번째는 바뀐 세법에 빠르게 적응해 절세 효과를 누리는 것이다. 다음은 2008년 9월 1일 발표된 세제 개편안에서 금융부문과 소득공제부문의 중요한 부분만 현행 세법과 비교한 것이다. 이를 참고하여 재테크에 활용하자.

〈2008년 9월 1일 금융 관련 개정세법(안)〉

1. 생계형 저축, 세금우대저축 한도 축소

현 행	개정안
생계형 저축·세금우대저축의 비과세 및 분리과세 한도 – 노인: 60세(여자 55세) – 세금우대저축 가입한도: 2,000만 원 – 생계형 저축 가입한도: 6,000만 원	가입한도 축소 및 노인 연령 조정 – 노인: 60세로 통일 – 세금우대저축 가입한도: 1,000만 원 – 생계형 저축 가입한도: 3,000만 원

2. 소득세 인하
 (1) 종합소득세율을 2009년도에 1%, 2010년도에 추가 1% 인하
 (2) 기본공제

현 행	개정안
본인 및 부양가족 1인당 연 100만 원 공제 기본공제 대상자가 65~69세인 경우 – 연 100만 원 추가공제 기본공제 대상자가 70세 이상인 경우 – 연 150만 원 추가공제	1인당 연 150만 원 공제 경로우대 추가공제 – 대상자가 기초노령 연금 수혜자인 경우에 추가공제 배제

 (3) 교육비, 의료비 등 특별공제

현 행	개정안
취학 전 아동과 초·중·고등학생 – 1인당 연 200만 원 대학생 – 1인당 연 700만 원 부양가족 의료비 공제 – 연 500만 원	취학 전 아동과 초·중·고등학생 – 1인당 연 300만 원으로 확대 대학생 – 1인당 연 800만 원으로 확대 부양가족 의료비 공제 – 연 700만 원으로 확대 장기주택저당차입금 이자비용 공제 – 연 1,000만 원 만기 30년 이상 장기주택저당차입금 – 이자상환액이 있는 경우 연 1,500만 원으로 확대

※ 적용시기: 2009년 1월 1일 이후 발생하는 소득, 지출분부터 적용.

▶▶▶ 뜻하지 않게 여유자금이 생기거나 적금이 만기가 되어서 목돈을 만지게 되면 우리는 고민 아닌 고민에 빠져든다. 물론 몇 개월 후에는 써야 할 돈이긴 하지만 단 얼마간이라도 돈을 '굴려야' 불어날 것이기 때문이다. 그런데 정기예금에 넣어두자니 기간이 너무 길고, 보통예금에 넣어두자니 그 낮은 이자율에 억울함이 앞선다. 거치식 펀드에 넣어볼까도 생각해보지만 요즘처럼 시장이 불안정한 상황에서 괜히 손해나 보지 않을까 두렵기만 하다.

이런 행복한 고민을 하는 사람들을 위해 만들어진 것이 단기 금융상품들이다. 단기간에 치고 빠져야 하는 재테크로서는 이만한 게 없다.

실적배당에 환매수수료도 없다, MMF

MMF^{Money Market Fund}는 투자신탁회사가 고객의 돈을 모아 단기금융상품에 투자해 수익을 얻는 상품이다. 가입금액에 제한이 없고 환매수수료가 부과되지 않는다는 장점이 있다. 종류는 크게 두 가지다. 매일

입출금이 가능한 '수시 입출식 MMF'와 30일 이상은 투자해야 환매수수료가 부과되지 않는 '클린 MMF'이다.

MMF는 세금혜택이 주어지지 않고 예금자 보호의 대상도 아니다. 따라서 MMF 펀드에 가입하고자 할 때는 다음의 몇 가지 사항을 주의해서 살펴보아야 한다. 운용회사의 성과와 펀드 규모는 자산운용협회 사이트 www.amak.or.kr를 방문하면 알 수 있다.

★ 펀드 운용사의 능력을 보아야 한다. 운용 규모가 작은 곳은 수익률을 높이기 위해 무리하게 투자하는 경향이 있으므로 전체적인 운용 규모와 수익률이 잘 조화를 이루는 곳을 골라야 한다.
★ 펀드 규모가 큰 곳을 선택해야 한다. 시장 상황의 영향을 덜 받고 안정적으로 운용되기 위해서는 규모가 큰 것일수록 좋다.
★ 펀드 운용자산의 만기가 짧으면서도 수익률이 높은 것이 좋다.
★ 편입자산의 신용등급이 중요하다. 금리가 낮을 경우 운용사는 수익률을 높이기 위해 신용등급이 상대적으로 낮은 기업어음이나 단기채권을 편입하는 경우가 많다.

월급통장으로 딱 맞다, CMA

CMA Cash Management Account는 종합금융회사나 증권사에서 단기 국공채나 우량 기업어음 등의 단기금융자산에 투자해 실적을 배당하는 상품이다. 하루만 맡겨도 이자가 나오기 때문에 수시로 입출금하는 자금을 맡겨놓고 쓰기에 적합하다. 요즘은 CMA 계좌에 체크카드를 연결하거나 이체수수료를 면제해주는 등 여러 가지 편의기능을 덧붙여 직장인들의 급여 이체 통장으로도 인기를 끌고 있다. 종합금융회사에서 취급하는 CMA는 예금자보호법의 대상이 된다는 이점도 있다.

CMA는 다음 두 가지 특성을 잘 활용하면 더 큰 수익을 얻을 수 있다.

▶ 가장 중요한 것은 '선입선출'의 특성이 있다는 점이다. '선입선출'이란 먼저 입금한 돈을 먼저 찾게 하는 제도다. 7월에 100만 원, 8월에 100만 원을 입금했다고 하자. 9월에 50만 원을 찾는다면, 8월에 입금한 100만 원에서 50만 원이 출금되는 것이 아니라 7월에 입금한 100만 원에서 50만 원이 출금된다.

보통 CMA 상품들은 기간에 따라 차등을 두어 이자를 지급하는 것이 일반적이다. 이러한 특징 때문에 CMA를 적극적으로 활용하는 투자자는 2개 이상의 CMA 통장을 가지고 있다. 하나는 월급통장 및 수시입출금용으로 사용하고, 또 다른 하나는 자금이 필요할 경우에 쉽게 찾을 수 있도록 한다. 월급통장용 CMA는 수시로 입출금을 하기 때문에 많은 이자가 붙지 않겠지만 은행의 수시입출금 상품보다 이자가 많다. 한편, 비상자금용으로 사용하는 CMA는 자금이 급할 때 어렵지 않게 찾을 수 있으면서도 비교적 높은 금리를 적용받게 된다.

▶ 콜금리가 급하게 상승하는 등 시장 상황의 변동으로 인해 CMA 금리가 가파르게 상승할 경우가 있다. 이런 때에는 이미 넣어둔 돈이 앞으로

넣을 돈보다 더 적은 금리를 적용받게 된다. 예치기간에 따른 이자율의 차이와 금리 상승으로 인한 이자율의 차이를 잘 비교해 후자가 더 크다고 판단되면 현재까지 CMA 통장에 넣어둔 모든 자금을 환매한 후에 다시 입금하는 것도 좋은 방법이다.

예금자 보호대상이라 안정성은 최고다, MMDA

MMDA^{Money Market Deposit Account}는 은행에서 취급하는 시장 실세금리에 따라 금리가 적용되며 입출금이 자유로운 상품을 말한다. 일반 입출금 통장과 같이 자동이체나 신용카드 결제계좌로 연결해 사용할 수 있고, 예금자보호법의 대상이 된다는 장점도 있다. 일반적으로 은행 상품은 예치기간에 따른 차등이율을 적용하는데, MMDA는 예치금액에 따라 차등이율이 적용된다. 그래서 은행마다 차이가 있지만 결산기의 평균잔액이 50만 원 미만이면 이자가 지급되지 않는다는 사실도 염두에 두어야 한다. 고액을 안정적으로 단기 운용하기에 적합한 상품이다.

MMT, 표지어음, 회전식 정기예금

MMT^{Money Market Trust}는 수시입출식 특정 금전신탁을 가리키는 말이다. MMF와 거의 차이가 없고 콜금리 투자에 연 5% 정도의 수익을 내는 상품이다. 중도환매제가 없으며 최소가입액은 500만 원이다.

표지어음은 금융기관이 기업 등으로부터 매입해 보유하고 있는 상업어음 등을 여러 장으로 쪼개거나 합해 액면금액과 이자율을 새로 설정한 어음이다. 다양하게 기간을 설정할 수 있고, 실세금리와 연동되며, 이자가 선지급된다는 특징이 있다.

회전식 정기예금이란 총 계약기간에 대해 일정 월수 단위로 금리를 다시 산정하는 정기예금을 말한다. 1년 이상 3년 이내 월 단위로 가입 가능하며 1개월, 3개월, 6개월 단위로 유리한 금리를 선택할 수 있다. 금리가 오르는 시점이라면 1개월 정기예금 금리를 선택해 매월 오르는 금리를 적용받을 수 있다. 실제로 1년제 회전식 정기예금**3개월 회전식**에 가입하고 3개월 이내에 예금금리가 상승하면 3개월 이후부터는 인상된 금리가 적용된다. 중도에 해지해도 우대금리가 적용되는 점도 특징이다.

Action Plan 6년을 늦게 시작하면 원금이 2배가 필요하다

₩ 여성이 28세부터 매년 200만 원을, 남성이 34세부터 매년 400만 원을 62세까지 투자했다고 가정해보자. 이자가 연 12%이면 62세 할머니가 된 여성은 약 9억 6,700만 원을, 할아버지인 남성은 약 9억 6,100만 원을 만들 수 있다. 이는 6년 늦게 투자를 시작할 경우에 동일한 수익을 올리기 위해 투입해야 하는 원금이 무려 2배 이상 증가한다는 것을 보여준다. 수익률과 상관없이 모든 것은 시간이 해결해준다는 진리가 숨어 있다. 따라서 하루라도 빨리 투자나 저축을 시작하는 것이 유리하다. 여기에 1%라도 높은 수익을 얻을 수 있다면 미래가 바뀔 수도 있으므로 이왕이면 복리상품을 찾아 장기로 자산을 늘려가자.

종잣돈 마련하는 적금, 똑똑하게 가입하라

08

▶▶▶ "주식이 바닥을 치고 펀드는 반 토막이 났는데…. 차라리 적금이나 들어볼까?"

금리가 상승 국면에 접어들면서 정기 예금과 적금에 대한 관심이 다시 높아지고 있다. 게다가 적금과 같은 안정적인 금융상품은 종자돈을 마련하기에도 유용하다.

그런데 안정적이고 유용한 적금도 '중도해약'이라는 문제점을 가지고 있다. 적금은 기타 금융상품에 비해 해지 시 이자에 대한 손실만 있을 뿐이다. 그래서인지 비교적 쉽게 중도해약을 결정하고 만다. 핑계 없는 무덤은 없다고 "누군들 적금을 깨고 싶어서 깨겠느냐"고 항변하겠지만, 그 이유야 어떻든 결국은 초심을 버리고 목돈 마련에 실패한 것은 사실이지 않은가.

적금상품은 투자자에게 고수익을 올려주는 수단이 아니다. 꾸준한 적립을 통해 목표했던 금액에 도달할 수 있도록 하는 재테크 수단이다. 따라서 당장의 수익률보다는 먼 미래까지 이어지는 성실성이 성패를 좌우하게 된다.

정기 예금이나 적금을 중도에 해지하는 사태를 피하려면 가입하기 전부터 자신에게 적합한 규모를 파악하고 치밀한 계획을 세워야 한다. 그러지 않고 '여윳돈이 좀 생겼으니 적금이나 넣어볼까' 하는 생각으로는 100이면 99가 만기까지 못 가고 통장을 깨게 된다. 요즘같은 불경기에 어떻게 하면 자신이 목표한 목돈을 마련할 수 있는지 현명한 금융상품의 선택과 유지에 대해 알아보자.

명확한 계획 수립은 기본이다

5년에서 10년 정도로 분명한 자신의 목표를 세워두어야 한다. 주택을 구입하거나, 유학을 가거나, 사업을 시작하거나, 은퇴를 하는 등 중대한 재정적 변화에 대한 계획이 있는지를 고려한다. 미래를 정확히 예측할 수는 없어도 구체적인 목표 정도는 세우는 것이 좋다. 하지만 장기적인 목표를 세웠다고 해서 금융상품도 거기에 맞춰 가입하는 것은 어리석은 짓이다. 무슨 일이든지 유연성을 발휘해야 한다. 요즘 같은 경기 침체나 금리변동기에는 2~3년짜리로 가입하는 것보다 6개월~1년짜리로 가입하는 것이 유리하다.

은행을 찾기 전에 사전 조사를 철저히 하라

정기 예금과 적금도 우리가 알지 못하는 새로운 상품들이 끊임없이 쏟아지고 있다. 사전에 충분히 조사해서 다양한 상품들을 비교한 후에 상품을 결정해야 한다. 은행에 가서는 자신이 조사한 내용이 맞는지 은행 직원의 입을 통해 확인하는 기분으로 상담해야 한다.

▶ 요즘 새로 시판되는 정기예금 중에는 정해진 횟수만큼 분할해지가 가능하거나 중도에 해지하더라도 약정이율을 지급하는 옵션형 정기예금이 있다. 이런 상품에 가입한다면 중도에 불가피한 사정으로 해지하게 되더라도 불이익을 최소화할 수 있다.

▶ 금융기관에서 지급 받는 이자로 생활하는 노년층이나 장애인이 정기예금을 들 경우에는 생계형 비과세저축으로 가입하는 것이 좋다.

▶ 인터넷 전용 상품으로 가입할 때는 거래의 편리성과 함께 우대금리의 혜택이 있으므로 이용할 만하다. 만약 은행권의 정기예금 이율이 만족스럽지 못하다면 저축은행의 정기예금을 이용해도 좋다. 하지만 예금자 보호 한도 내에서 이용하는 것이 바람직하다. 안전성에 대한 걱정이 앞선다면 매월 이자를 지급받는 형태로 가입해 불안감을 일정 부분 해소할 수 있다.

▶ 정기적금을 1년 이상의 기간으로 가입할 때에는 세금우대가 유리하며, 만약 저축 기간이 3년 이상인 경우에는 다른 비과세 상품의 가입대상이 되는지 먼저 확인하는 것이 좋다. 만기가 얼마 남지 않았는데 급하

게 돈을 쓸 일이 생겼다면 성급하게 해지하지 말고 적금담보대출을 이용하자. 이 경우에 대개 적금이율 +1.5% 내외의 가산금리가 적용되지만 중도해지이율을 적용받는 것보다는 유리하다.

적금 이전에 빚부터 갚아라

빚이 남아 있는데 정기 예금이나 적금에 가입한다는 것은 어리석은 일이다. 더군다나 요즘처럼 대출금리가 지속적으로 상승하는 시기에는 기존 대출금을 빨리 정리할수록 유리하다. 펀드와 달리 정기적금의 목적은 투자가 아닌 안정적인 목돈 마련이다. 펀드와 대출은 공존할 수 있어도 적금과 대출은 함께 존재할 수 없는 법이다.

다만 대출금을 정기적으로 상환하는데 절차상 번거로움이 싫거나, 자신의 성격이나 습관이 돈 관리를 잘 못하는 경우에는 강제 저축을 위해 비효율적이더라도 적금을 병존하는 것이 효과적인 경우도 있다. 즉, 대출금을 상환하면서 자주 연체하거나 제때에 불입하지 못하는 사람이라면 자동이체를 이용하거나, 아예 적금 불입 후에 목돈으로 대출금을 상환하는 것이 좋을 수도 있다. 이 방법은 적금과 대출의 금리 차이로 인한 손해보다 연체로 인한 손해를 자주 겪는 경우에 한정되므로 자신에게 맞는 방법을 선택하자.

기간을 분산하면 위험도 분산된다

장기로 저축하면 금리도 많고 다양한 혜택이 주어진다. 하지만 돈을 써야 할 시기가 정해져 있다면 그 시기와 적금을 넣는 시기가 겹치지 않도록 한다. 눈앞의 달콤한 유혹에 넘어가 덥석 장기 상품에 가입했다가 나중에 일이 생겨 중도에 해지하면 오히려 더욱 큰 손해를 입는다.

아무리 특별한 지출 계획이 없다고 하더라도 5년 이상 장기 상품에 여유자금의 50%를 넘게 투자하는 것은 무리수를 두는 일이다. 적금상품은 목돈 운용 상품과 달리 지속적인 불입이 핵심이다. 너무 단기로 치우치면 금리도 낮을 뿐더러 만기 시 써버릴 확률 또한 높아 실제로 자산을 축적하기 어렵다. 반면에 장기 상품을 과도하게 가입하면 미래의 돌발변수를 처리할 능력이 떨어지고, 새롭게 변하는 경제 상황에 대응하는 유연성을 상실한다. 결국 장단기 상품의 적절한 배분으로 이루어진 포트폴리오가 만기까지 정기 예금이나 적금을 유지하는 비결이다.

"계란을 한 바구니에 담지 마라?"

재테크를 시작한 사람이라면 누구나 귀에 못이 박히도록 듣는 말이다. 이 당연한 진리는 정기 예금이나 적금이라고 예외일 수 없다. 한 적립 상품에 너무 많은 규모를 가입하지 말아야 한다. 인생에서는 뜻하지 않은 일들이 많이 발생한다. 원치 않는 경우에 적금을 해지할 수 있고 큰 손해를 보면서도 더 이상 적금을 유지하지 못할 수도 있다.

이러한 경우에 대비해 한 상품이라도 계좌를 나누어 예치하거나 아예 명의를 달리해 예치하면 좀더 여유 있게 사태를 해결할 수 있다. 미래에 다가올 불행한 일을 대비하는 것만이 그 목적의 전부는 아니다. 살다 보면 갑작스럽게 좋은 투자처가 나타나기도 한다. 아무리 투자처가 매력적이어도 그동안 고생하면서 적립해온 적금상품을 중도에 해지하는 것은 너무 억울하지 않은가? 좋은 일이 생기든 나쁜 일이 생기든 분산투자는 결정적인 순간에 당신에게 선택의 자유를 부여해준다.

Action Plan 아직도 무작정 저축하는가?

₩ 은행에 저금리, 저위험 상품을 저축하더라도 복리로 부리되는 상품으로 준비해야 단 1%의 이자라도 더 받는다. 아래의 금융권별 상품을 참고해 이왕이면 복리상품으로 저축하자.

〈금융권별 복리상품〉

금융권	복리상품	상품설명
은행	회전식 정기 예금	1개월, 3개월, 6개월 단위로 이자를 복리 계산
저축은행	표지어음	30~180일 만기 이내에서 매일 부리됨 예) 1,000만 원을 이자 8%, 180일 표지어음으로 저축 시 이자는 1,000만 원×8%×(180일/365일)=394,521원 * 세금 15.4% 별도
보험사	저축보험, 연금보험	중도에 해지하면 원금 보장 안 됨
새마을금고 지역 농·수협	조합예탁금	이자소득에 농특세 1.4%만 부과

재테크의 성패를 가르는 채권 투자 방법

▶▶▶ 경기가 좋아지면 시중에 돈이 많이 풀려서 자연스럽게 이자율이 올라간다. 반대로 경기가 나빠지면 유통되는 돈의 양이 줄어들어 이자율은 떨어지게 마련이다. 하지만 요즘은 경기가 급속히 나빠지는데도 오히려 금리는 하늘 높은 줄 모르고 치솟고 있다. 한마디로 복합불황의 전조가 보이는 셈이다. 주식시장이 부진하면 돈이 부동산으로 몰려 부동산이 좋아지고, 부동산 시장이 힘을 못 쓰면 소비라도 활성화되어야 한다. 그런데 현재는 그렇지 못하다. 경제의 모든 부분이 침체의 늪에 발을 담그기 시작한 형편이다.

금융상품을 중심으로 한 재테크의 양대 축은 주식과 채권이다. 결국 둘 사이의 투자비중을 어떻게 조절하느냐가 재테크의 성공과 실패를 좌우한다고 해도 무리는 아니다. 지금처럼 경기가 바닥을 치고 금리는 지속적으로 상승하는 시기에 채권투자는 어떻게 해야 할지 일반투자자들로서는 대단히 조심스럽고 망설여지는 부분이다.

"어려울수록 기본에 충실하라"는 격언처럼 먼저 채권가격과 금리의 상호관계를 명확히 이해해야 한다. 두루뭉술하게 둘 사이에 밀접한 관련이 있더라는 정도로는 높은 위험을 피하고 안정된 수익을 보장해주는 상품을 발견하기 힘들다.

채권가격도 하루하루 변한다

채권은 회사나 정부기관 등에서 자금조달을 위해 미리 정한 원금과 이자를 정해진 기간에 돌려주기로 약정한 채무증서다. 쉽게 이야기하자면 돈을 얼마나 빌려서 언제까지 갚겠다고 약속한 증서다. 주식의 경우에는 날마다 시장에서 거래된 가격이 있어 그 가치를 평가하기 쉽다. 하지만 채권은 유통시장이 발달하지 못했고, 만기나 이자율에 따라 같은 회사가 발행한 채권이라도 가치가 다르게 평가되는 등 일반인들은 그 가치를 쉽게 파악할 수 없었다.

금융감독원은 이러한 불확실성을 제거하고 채권의 유통시장을 활성화하기 위해 2000년 7월부터 채권시가평가제를 전면 시행했다. 이 제도에 의하면 채권을 장부가격대로 계산하지 않고 증권업협회가 매일 발표하는 시가평가기준 수익률에 따라 그 가격을 결정하도록 했다. 결국 채권도 시중의 실세금리로 평가해 채권가격이 그 가치를 제대로 반영하도록 하겠다는 것이다. 얼마나 좋은 제도인가! 이제 일반인들도 채권의 가격만 보고 투자가치를 손쉽게 판단할 수 있는 시대가 열렸다.

하지만 이 제도가 장점만 있는 것은 아니다. 채권 투자 펀드에 가입한 투자자들은 투신사로부터 일정한 수익률을 보장받을 수 없다. 결국 주식처럼 채권가격의 변동에 따른 위험은 오로지 투자자의 몫이 된다는 뜻이다.

금리가 오르면 채권가격은 떨어진다

채권가격이 *시중금리에 연동된다는데 도대체 어떻게 서로 영향을 미치는 걸까. 결론부터 이야기한다면 채권가격은 금리와 반비례한다. 채권가격은 금리가 인상되면 떨어지고, 인하되면 올라간다.

> *시중금리 일반적으로 시중은행의 표준적인 대출금리와 할인율을 말한다.

이해하기 어려운 부분이지만 예를 들어 설명하면 다음과 같다.

채권은 그 특성상 일단 발행되면 만기에 받을 금액이 고정된다. 예를 들어 시중금리가 4%일 때 2년 만기로 원금 1,000만 원으로 발행된 채권은 2년 후에 1,080만 원을 받을 수 있다. 이런 채권을 만기 이전에 팔고자 할 때 문제가 되는 것이 바로 채권의 가격이다. 발행 후 1년이 흘렀을 때 이 채권을 팔면 과연 1,040만 원원금 1,000만 원+1년 이자 40만 원을 받을 수 있을까? 그렇지 않다. 이때 고려해야 하는 것이 시중금리다. 만약 그 시점의 시중금리가 10%로 상승되어 있다면 같은 회사에서 새로 발행하는 982만 원짜리 채권을 사도 1년 뒤에 같은 돈 1,080만 원을 받을 수 있다원금 982만 원+1년 이자 98만 2,000원=1,080만 2,000원.

결국 1,040만 원을 주고 1년 후에 1,080만 원을 받느냐, 982만 원을 주고 1년 뒤에 1,080만 원을 받느냐이다. 그렇다. 답은 이미 나왔다. 결국 그 채권의 합리적인 가격이 982만 원이 되어 처음 구입했을 때보다

18만 원을 손해 보게 되었다. 채권은 구입 후에 금리가 오르면 가격이 떨어져서 보유하는 것만으로도 손해다.

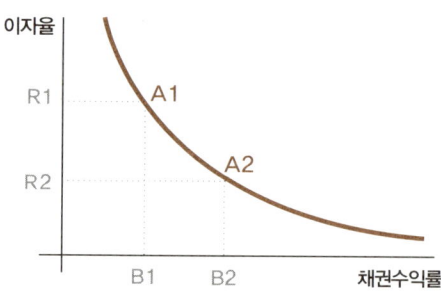

[금리와 채권의 관계]

위의 도표를 보자. 이자율이 R1에서 R2로 내려가면 채권수익률은 B1에서 B2로 늘어난다. 반면에 이자율이 R2에서 R1로 올라가면 채권수익률은 B2에서 B1로 줄어들게 된다.

FRN이 해법이다

그렇다면 지금처럼 금리가 꾸준히 상승할 때는 가지고 있는 모든 채권을 처분하고 예금으로 전환해야 할까? 이는 결코 바람직한 방법은 아니다. 채권투자의 목적이 가격변동에 의한 매매차익을 얻는 것에만 있지는 않다. 채무증서로서 가지는 고유한 성격도 소홀히 해서는 안 된다. 즉, 채권가격의 변동과 무관하게 만기에는 원금과 약정이자를 안정적으로 보장받는다는 장점이 있다. 이는 또 하나의 안전자산이다. 따라서 금리 상승기의 채권은 꼭 필요한 경우가 아니라면 만기까지 기다리는 것이 바람직하다.

▶ 금리 상승기 어떤 채권을 살까

금리가 지속적으로 오르는 경우에 어떠한 채권을 가지는 것이 좋을까? 그 대안 중의 하나가 FRN이다. FRN은 Floating Rate Note의 약자로 변동금리부채권을 말한다. 이 채권은 만기까지 금리가 고정되는 일반적인 채권**고정금리부채권Straight Bond**에 대응되는 개념이다. 처음 얼마 동안은 확정이자율을 가지지만, 일정 기간이 경과하면 시중금리에 따라서 6개월 단위로 이자율의 조정이 이루어지는 채권이다.

따라서 발행하는 회사 측의 입장에서 보면 고금리 시기에 발행해도 향후 금리가 낮아질 경우 상환부담이 줄어들어 이익이다. 투자자 측면에서는 향후 금리 상승 시에 이자소득이 증가하는 것은 물론이고, 대개 최저이율이 설정되므로 시장금리가 대폭 하락해도 일정률의 이자를 보상받는다는 장점이 있다. 이처럼 금리 상승 시에 오히려 이익을 보는 채권들을 모아서 만든 펀드가 FRN 펀드이다.

채권의 명칭에 '변동'이라는 말이 들어가 있으면 일반투자자들은 무조건 겁을 내고 피하는 경향이 있는 것이 사실이다. 하지만 재테크에서 1%의 차이는 엄청나다. 추가로 그 1%의 이익을 보려면 투자자들도 과거처럼 이 금융기관 저 금융기관을 기웃거리는 대신에 조금 더 깊게 상품과 시장에 대해 관심을 가지고 살펴야 한다. 밀턴 프리드먼이 기회비용을 언급하면서 이야기한 "공짜 점심은 없다"는 말이 투자에서도 예외는 아니다.

아직까지 우리 사회는 '채권은 부자들이나 하는 재테크'라는 인식이 강한 것이 사실이다. 하지만 채권은 부자가 되기를 원하는 사람들이 반드시 관심을 가져야할 재테크 상품 중 하나다. 내 돈을 안전하게 지키면서도 대박의 가능성을 꿈꿀 수 있기 때문이다.

Action Plan 도대체 채권의 듀레이션이 뭐지?

₩ 채권에서 듀레이션이란 원금이 상환되는 데 걸리는 평균기간이다. 듀레이션이 짧으면 원금 회수가 빨라지므로 안정적이나 수익이 적어지고, 듀레이션이 길면 원금 회수가 늦어지므로 위험성이 증대되지만 채권금리가 하락할 때 가격 상승폭이 크다.
경제침체기에는 경기부양책에 의해 금리가 하락할 가망성이 크므로 채권으로 투자수익을 올릴 적기라고 볼 수 있다.
2009년에는 경기침체로 한국은행의 기준금리가 지속적으로 인하될 가망성이 크다. 따라서 은행예금보다 높은 수익을 얻고자 하면 듀레이션이 긴 국공채에 투자할 필요가 있다.

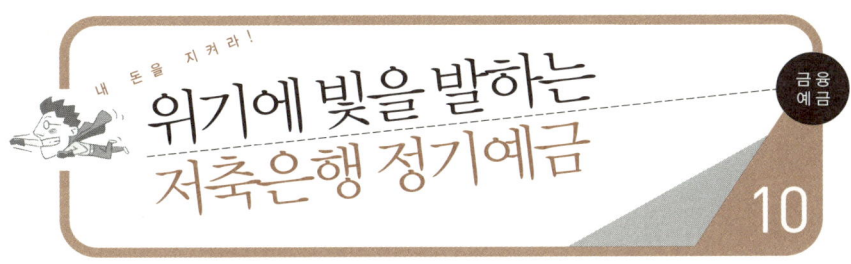

▶▶▶ 미국의 심장전문의 로버트 엘리엇은 스트레스에 대처하는 방법
에 대해 이렇게 말했다.

"피할 수 없으면 즐겨라."

이는 재테크에서도 마찬가지다. 그런데 많은 투자자들이 위험을 너
무 과소평가하고 낙관적으로 기대하다가 실패를 경험한다. 반대로 위
험을 과대평가해서 너무 소극적인 투자로 천금 같은 기회를 날려버리
는 일도 허다하다.

경제위기가 갈수록 심화되는 이때에 '위험'은 금기어 중 하나다. 위
험을 즐기기에는 상황이 너무나 위급하다. "하이 리스크, 하이 리턴" 운
운할 정도의 강심장이 아니라면 결국 선택지는 은행이다. 은행이라면
나의 재산을 지켜주리라는 절대적 믿음이 그 낮은 수익률에도 불구하고
투자자들의 발걸음을 은행의 상담창구로 향하게 한다. 물론 고민이 없
는 것은 아니다. 최근에 치솟는 물가상승률을 생각해보면 정기예금의
턱없이 낮은 금리는 오히려 마이너스의 수익률을 안겨줄 수밖에 없다.

재테크의 초석이 되는 금융 지식

65

그렇다면 방법이 없는 것일까? 재테크에서 안정성을 최우선의 덕목으로 삼는 사람들에게 실질금리가 마이너스로 떨어진 이 시기는 매우 곤혹스럽다. 채권이나 주식은 설명을 들어도 전혀 모르겠고, 그렇다고 은행에 넣어두자니 손해만 보는 느낌이다. 이런 부류의 사람들에게 적합한 것이 바로 저축은행의 정기예금이다.

저축은행? 거기 위험하지 않나요?

*저축은행 서민과 소규모 기업의 편의를 위해 설립된 금융기관으로 상호저축은행을 의미한다.

많은 사람들이 *저축은행은 무조건 위험하다고 생각한다. IMF시절 절대로 망하지 않을 것 같던 굴지의 은행들이 외국자본에 넘어간 것을 우리는 똑똑히 기억한다. 하물며 시중은행에 비해 규모 면에서 터무니없이 작은 저축은행에 안정성이 없다고 생각하는 것도 무리가 아니다. 게다가 각종 불법대출과 무슨 게이트에 연루되어 종종 신문 사회면을 장식하는 것을 생각하면 일반인들의 머릿속에 '저축은행=위험'이라는 등식이 생긴 것도 이해할 만하다.

그러나 최근의 저축은행은 그다지 위험하지 않다. IMF 이후 저축은행의 안정성을 높이기 위해 정부에서 여러 가지 제도를 보완했기 때문이다. 물론 경기가 극도로 침체되어 투자한 저축은행이 망했을 경우, 예금보험공사가 개입하면 절차상 번거로워지고 예정이자율을 못 받는 경우도 생긴다. 그러나 그럴 확률은 극히 낮다. 게다가 5,000만 원 이하의 예금은 **예금자보호법에 의해 보호되므로 투자수익 대비 위험성은 낮

은 편이다. 그러므로 저축은행의 부실이나 잘
못된 관행이 있을지라도 자금을 맡긴 사람들
에게 영향을 미치는 것은 아니다.

예금자보호법 금융기관이 회원인 예금
보호공사에서 원리금 5,000만 원까지 보
장해주는 제도다. 해당 기관으로 은행, 증
권사, 보험사, 종금, 상호저축은행, 농협
등이 있다.

안정적인 저축은행은 어떻게 찾을까?

그래도 안심이 되지 않는 사람들이 있다. 저축은행의 예금이 예금자 보
호 대상이라고 아무 저축은행에나 무작정 돈을 맡기는 것은 어리석은
일이다. 아무리 원금이 보장된다고 하더라도 피할 수 있는 어려움에 굳
이 맞설 이유는 없다. 돌다리도 두드려보고 건너야 직성이 풀리는 사람
들은 다음 사항들을 확인해보자.

　　BIS 자기자본비율이 8% 이상이고, 3년 이상 흑자, 자본금 규모 100
억 원 이상, 고정이하 여신비율 8% 이하, 총자산 1,000억 원 이상 되는
곳을 선택하면 안심할 만하다. 이러한 사항들은 상호저축은행연합회
홈페이지 **www.fsb.or.kr**에서 쉽게 확인이 가능하다.

얼마나 이득일까?

저축은행의 정기예금은 시중은행보다 1~2% 정도 높은 금리가 책정되
기 때문에 상대적으로 고수익을 올릴 수 있다. 상품에 따라서는 비과세
되거나 세금우대로 가입이 가능하다. 기간도 3개월에서 2년까지 다양
해 자신의 경제 사정에 맞는 상품을 고를 수 있다.

　　재테크에서 손해란 원금에서 손실을 본 것만 생각하면 안 된다. 내가

투자해서 얻을 수 있는 부분의 기회비용까지 고려해야 한다. 원리금 5,000만 원 이하로 저축은행에 쪼개놓으면 안전하게 고수익을 노릴 수 있다. 저축은행의 예금은 아주 작은 노력으로 추가 금리를 얻는 한 가지 방법이다. 이 기회에 저축은행에 대한 선입견을 깨뜨려보자.

Action Plan 단기간 운용할 여유자금은 표지어음으로 하자

₩ 여유자금이 있지만 결혼이나 이사 등 쓸 곳이 정해져 있거나, 불경기로 주식이나 주식형 펀드 같은 고위험 투자상품에 투자하기를 주저하는 사람은 단기적인 투자상품인 표지어음을 운용할 만하다.

표지어음은 금융기관이 기업으로부터 매입해 보유하고 있는 상업어음이나 외상매출 채권을 액면금액과 이자율을 새로이 설정해 발행하는 어음이다. 여유자금을 3~6개월 운용할 경우에 은행권의 예금보다 단 1~2%라도 이자를 더 받을 수 있다.

이 상품은 예금자보호법에 의해 보호를 받으며 금융기관이 발행인 및 지급인이 되므로 안전성이 높다. 다만 만기 전에는 중도해지가 안 되고, 만기 후에는 표지어음 구입 시 이미 선이자 지급식으로 할인을 받았기 때문에 별도의 이자 없이 액면금액만 지급하므로 기간 설정에 유의해야 한다.

취급기관: 은행, 종합금융회사, 상호저축은행
운용기간: 은행―30~360일
　　　　　종합금융회사―1개월~1년 이내
　　　　　상호저축은행―1~180일.

내 돈을 지켜라!
연금에 가입해야 하는
다섯 가지 이유

▶▶▶ 앞으로 20~30년 후가 되면 평균연령이 100세가 될 것으로 예상된다. 정년퇴직 연령을 55세 전후로 보면 무려 45년 정도를 소득 없이 살아야 한다는 말이다. 웃어야 할지 울어야 할지 모를 일이다. 오죽하면 "재수 없으면 100살까지 살지도 모른다"는 말이 나왔을까.

그런데 노인의 10%가 넘는 인원이 극빈층에 속한다. 게다가 상당수가 각종 질병에 시달리며 생계까지 걱정해야 하는 상황이다. 이러한 경제적 고통과 심리적 박탈감을 견디지 못해 '자살'이라는 극단적인 선택을 하는 노인들도 늘고 있다. 보건복지가족부의 통계에 의하면 60세 이상 노인 자살률이 최근 10년 사이 2.5배나 증가했다.

"나이 들면 돈이 곧 힘이다"라고 했다. 이는 과장된 표현이 아니다. 그만큼 경제적 여유가 있는 노인들은 정신적으로나 육체적으로 건강하고 풍족한 삶을 살 수 있다.

그렇다면 풍족하고 여유로운 노년을 준비하는 우리의 현 주소는 어떠할까? 대한상공회의소의 보도 자료를 살펴보면, 직장인 중 노후준비를 한다고 대답한 비율이 20대(19.2%), 30대(31.5%), 40대(40.4%), 50대 (41.5%)에 불과하다. 특히 노년이 임박한 50대 이후의 사람들 중 절반 이상이 이렇다 할 노후준비가 없다는 것은 심히 염려스러운 일이 아닐 수 없다.

노후대비의 해답은 연금상품이다

결국 해답은 '연금상품' 가입밖에 없다는 것에 공감하면서도 정작 연금상품 가입을 꺼리는 경우가 종종 있다. 가장 큰 이유는 연금상품은 최소 10년 내지 15년 이상 유지해야 하기 때문이다. 당장의 생활비도 빠듯한 상황에 돈을 10년 이상 묶어둔다는 게 탐탁치 않은 것이다.

하지만 아래 언급할 연금상품의 다섯 가지 장점을 고려한다면, 연금에 대해 이제는 가입 여부가 아니라 얼마나 가입하느냐를 따져보아야 할 것이다. 현금자산이나 부동산 자산이 충분해 노후자금을 준비할 필요가 없는 자산가들이 연금상품에 가입하는 이유도 이 같은 장점들 때문이다.

▶ 근로소득자나 자영업자에게 추가 소득공제 혜택

은행의 연금저축신탁, 보험회사의 연금저축보험, 증권사의 연금저축 펀드 등 연금저축에 가입하면 연간 납입액의 100%를 최고 300만 원까지 소득공제해준다. 따라서 월 25만 원 한도로 연금저축에 가입하는 것은 세테크 측면에서도 매력적이다. 12월이 되어 부랴부랴 가입하지 않고 4분기가 시작되는 10월부터 준비한다면 좀더 여유 있게 세제 혜택을 준비할 수 있다.

▶ 고액 자산가에게 금융소득종합과세 제외 혜택

연금보험은 10년 이상 지나면 중도해약이나 연금 수령 시 이자소득에 대해 비과세되고 금융소득종합과세에서 제외된다. 그 대신에 소득공제 혜택은 없다. 금융자산이 많은 자산가의 경우 자산의 일정 비율을 세제 비적격 연금보험에 배분함으로써 세후 수익의 증대를 꾀할 수 있다.

▶ 원금 혹은 원리금 보장 혜택

상품에 따라 원금 혹은 원리금 보장 혜택이 있는 상품이 많다. 변액연금보험의 경우 펀드에 투자해 고수익을 기대하면서도 중도해지만 하지 않으면 연금 개시 시점까지 납입한 보험료**주계약 납입보험료**에 대해 원금을 보장해준다. 단, 변액유니버셜보험의 경우에는 원금을 보장해주지 않으므로 연금상품 가입 시에 이러한 점을 고려해야 한다.

▶ 노후를 위한 배수의 진 효과

연금상품은 중도해지하면 앞에서 언급한 혜택을 받을 수 없다. 특히 중도에 해지하면 만기 해지 시와 수익률 차이가 크기 때문에 중도해지를 억제하는 효과가 있다. 결국 목적하는 바와 같이 노후자금으로 활용될 가능성이 크다.

▶ 장기적인 자산운용의 묘

특수한 상황을 제외하고 단기 금리보다는 장기 금리가 높다. 따라서 연금상품 운영 시에 이런 이점을 살려서 운용할 수 있고, 연금의 특성상 자산운용을 보수적으로 함으로써 안정성이 상대적으로 높은 경향이 있다.

Action Plan 돈에 꼬리표를 달자

₩　　흔히 노후대책이라고 하면 연금보험을 연상한다. 하지만 노후대책은 연금보험을 기본으로 적립식 펀드, 은행 예·적금, 부동산 등 모든 자산이 될 수 있다. 이 중에서도 연금상품은 반드시 '노후대책'이라는 꼬리표를 달아야 한다. 이럴 경우 중도에 해약하는 일이 줄어든다. 물론 펀드, 적금 등 다른 금융상품에도 그 목적에 따라 꼬리표를 달아야 한다.

돈에 꼬리표를 다는 것만으로도 풍족한 미래를 설계한 것 같은 기분이 든다. 실제로도 저축과 투자가 실제 달아놓은 꼬리표대로 진행되는 효과가 있다.

보험, 리모델링으로 허리띠를 졸라매라

금융보험

12

▶▶▶ 아직도 보험을 인정에 이끌려 가입하고 있다면 문제다. 아는 사람의 부탁으로, 혹은 누군가의 소개로 가입한 보험은 십중팔구 얼마 지나지 않아 애물단지가 되고 만다. 해약하자니 이미 납입한 보험료가 아깝고, 그렇다고 유지하자니 다른 상품들에 비해 그다지 매력이 없다.

남의 속도 모르고 꼬박꼬박 빠져나가는 보험료를 바라보며 한숨만 쉬지 말고 이번 기회에 보험도 리모델링을 해보자.

보장의 우선순위를 따져라

보험의 가장 큰 목적은 당연히 위험대비에 있다. 그런데 이러한 위험에도 순위가 있다. 그중에서 최우선은 가장의 사망, 즉 가족의 생계를 책임지는 이의 사망에 따른 소득 중단이다. 때문에 보험보장의 최우선 순위는 사망보장금액이어야 한다.

통계청이 발표한 바에 따르면 한국인의 사망원인 중 첫 번째가 암이다. 뇌혈관 질환과 심장 질환이 그 뒤를 따른다. 결국 재해보다 질병에 의한 일반사망의 확률이 높다는 말이다. 가입한 보험이 재해사망이나 재해상해 등에 대한 보장은 큰데 일반사망에 대한 보장은 적거나 없는 상품이라면 이 부분의 보장이 큰 것으로 교체할 필요가 있다. 더구나 일반사망에 대한 보험금은 합법적인 상속재원이 될 수 있고 생존 시에는 노후에 대비한 자금으로 활용가능하다는 이점이 있다.

이외에도 발생 확률과 경제적, 정신적 손실의 규모에 따라 암 보장, 일반 질병 보장, 장기생존**연금** 보장 순으로 우선순위를 정해 보장의 범위를 확대하는 것이 좋다.

중복 가입 여부부터 따져라

보험을 계획 없이 중구난방으로 가입하다 보면 여러 상품에서 같은 보장이 중복되는 경우가 있다. 예를 들어 손해보험사에서 판매하는 운전자보험과 생명보험사에서 판매하는 교통상해보험을 가입한 경우, 이름과 보험사는 다르지만 보장내용은 결국 재해사망과 상해를 보장한다는 점에서 중복된다. 손해보험은 실손 보상의 원칙에 따라 상해보상이 중복되면 보장을 받지 못한다. 결국 쓸데없이 보험료를 이중으로 지출하고 있다는 말이 된다. 중복 가입을 막으려면 가입설계서와 보험증권 등을 꼼꼼히 살펴 서로 비슷한 보장내용이 없는지 확인해보는 것이 좋다.

보장기간은 최대한 길게

정부의 의료비 지출액 통계에 따르면 한국인이 80세까지 부담하는 의료비는 총 7,734만 원이며, 이 중 60세 이후에 지출한 의료비가 4,325만 원으로 전체의 56%를 차지한다. 이처럼 노후 의료비 비중이 점점 늘어나는 현실에서 보장기간을 너무 짧게 해 돈이 없어 치료를 받지 못하는 노년이 되는 우를 범하지 말아야 한다. 예컨대 10년, 20년 보장기간이 한시적인 상품이라면 정작 보장이 필요한 시기에 보장을 받지 못하는 일이 발생하게 된다.

만기 후의 위험에 대비하기 위해 다시 보험에 가입할 수도 있다. 하지만 보험은 나이에 따라 보험료를 다르게 책정하기 때문에 나이가 들수록 보험료는 올라간다. 게다가 건강에 이상이라도 생겼을 경우에는 가입이 거절될 위험도 있다. 따라서 하루라도 젊을 때 보장기간이 긴 상품에 가입해두는 것이 유리하다. 이때 종신보험처럼 보장기간이 긴 상품이 좋고 납입기간은 짧게 설계하는 것이 바람직하다.

Action Plan **저축과 보장, 만기환급형 보험이 좋다?**

₩   보장성보험에는 순수보장형 보험과 만기환급형 보험이 있다. 순수보장형은 만기가 되어도 돌려받는 보험금이 없는 반면에, 만기환급형은 만기가 되면 납입한 보험료 중 일부 또는 전부를 돌려받는다. 그런데 만기환급형은 순수보장형보다 보험료가 비싼 것이 대부분이다. 보험료를 더 많이 낸다고 해서 추가되는 혜택은 없다. 더 내는 보험료는 그냥 저축이 된다고 생각하면 된다. 그런데 유지비, 설계사 수당 등 사업비를 고려한다면 차라리 은행에 저축하는 것이 수익적 측면에서 더 낫다.
또 한 가지, 만기환급금의 지급 시기가 보험사마다 다르나 통상 보험료의 납부가 끝나는 시점이 아니라 보장이 만기가 되는 시점임을 알아야 한다. 90세 만기 20년 납이면 90세에 만기환급금을 받는다고 생각하면 된다.

▶▶▶ 경기침체기에는 보험료 납입도 버겁다. 보험료를 제때에 내지 못하거나 급전을 구하기 위한 수단으로 흔히 '보험해약'을 선택하기도 한다. 그런데 무턱대고 보험을 해약하면 생각하지도 못한 큰 손실을 보게 된다. 이미 납입한 원금의 일정 부분을 손해 보는 것은 물론이고, 그동안 든든하게 보장받던 '믿는 구석'마저 사라져버려 위험에 무방비로 노출되고 만다.

보험은 계약할 때도 신중해야 하지만 해약할 때는 더욱 신중해야 한다. 또한 미래의 불확실성에 대비하는 안전핀 역할을 하기 때문에 급전이 필요해도 가장 마지막에 해약을 고려해야 하는 상품이다. 보험료 납입이 힘들고 생활이 힘들어도 보험해약만이 해결책은 아님을 명심하자. 약관상 규정하고 있는 각종 제도를 활용하면 보험을 유지하고 손실을 최소화할 방법이 보인다.

보험, 꼼꼼히 살피면 해결책이 보인다

▶ 자동대출 납입제도

보험료를 납부하지 못할 형편일 경우에 이용하면 편리한 제도다. 이 제도를 미리 신청해놓으면 보험이 효력을 상실하기 전에 회사가 고객이 가입한 상품의 해약환급금 범위 내에서 보험료를 대신 내준다. 단, 최고 1년 동안만 보험료가 자동으로 빠져나가며 그 이후에도 추가로 자동대출이 필요한 경우에는 다시 신청하는 절차를 거쳐야 한다. 간단한 서면 신청으로도 가능하기 때문에 일시적인 경제 어려움이 발생했을 때 유용하다.

▶ 감액완납제도

이 제도는 그동안 납입하고 있던 보험의 가입 규모를 낮춤으로써 보험료 부담을 줄이는 제도다. 처음 가입한 계약의 보장기간과 지급조건은 그대로 두고 보장금액만 낮춰 보험을 유지하는 방식이다. 지금까지 낸 보험료만 가지고 만기까지 받을 수 있는 보장이 어느 정도인지 계산한 후에 위험보장을 축소해 보험을 유지하면 된다. 물론 더 이상 돈을 내지 않아도 만기까지 보장받을 수 있다.

예를 들어 20년간 보험료를 내고 사망보험금 1억 원을 받기로 한 가입자가 있다고 하자. 10년이 경과한 시점에 감액완납을 신청하면 남은 보험료 납입을 중단하는 대신에 평생 동안 5,000여만 원의 사망보험금을 보장받을 수 있다.

▶ 연장정기보험제도

지급되는 보험금과 보험료는 동일하지만 보장받는 기간을 축소한 정기보험으로 변경하는 방식이다. 더 이상의 납입 없이 조정된 기간까지 보험계약을 계속 유지하는 형태다.

예를 들어 종신보험에 주계약 1억 원을 가입한 사람이 보험료 납입이 어려워졌다. 그러면 현재까지 납입한 보험료만으로 보장받을 수 있는 기간을 별도로 산정, 주계약 1억 원을 종신이 아닌 그 기간 동안만 보장받는 정기보험으로 전환해 유지하는 방식이다.

▶ 납입중지제도

이 제도는 납입을 일시 중지하는 대신에 적립되어 있는 금액에서 대체하는 방법으로 보험계약을 유지하는 제도다. 보통 2년여의 의무기간 동안 보험료를 낸 후 대체할 수 있는 적립금이 있을 경우에 가능하다. 이 제도는 보험 유지를 위해 해약환급금에서 일정 금액이 빠져나가는 방식이므로 해약환급금이 다 소진될 경우에 보험이 실효될 수도 있다. 따라서 계약 상태를 수시로 확인해야 한다.

▶ 보험계약대출(약관대출)

급전이 필요할 때 자신이 납입한 보험료를 활용해 대출을 받는 방법이다. 가입한 보험의 해약환급금 범위 내에서 일정 비율까지 대출 받을 수 있다. 상품에 따라 다르지만 보통 해약환급금의 70~80% 이내에서 가능하다. 현재 보험계약 약관대출금리는 예정이율이나 공시율 +15% 정도로 다른 금융권 대출 상품에 비해 저렴하다. 또한 보험계약대출은 보험의 효력을 그대로 유지하면서 동일한 보상을 받을 수 있다는 장점도 있다. 전화나 인터넷을 통해 쉽게 이용할 수 있으며 신청 즉시 통장으로 바로 입금된다. 대출금의 상환도 아주 편리하다. 돈이 생길 때마다 갚을 수 있는 자유상환방식으로 10만 원 이상 1만 원 단위로 상환이 가능하다.

납입기간의 절반 이상이 지난 보험계약이라면 돌려받는 해약환급금의 규모가 적지 않으므로 목돈이 필요할 때 이 제도의 활용을 고려해볼 만하다. 단, 만기환급금이 없는 순수보장형 상품의 경우 보험계약대출이 불가능하다.

▶ 계약사항 조정

계약한 보험증권을 꼼꼼히 살펴 꼭 필요하지 않은 계약사항을 줄이거나 없애자. 제일 발생 확률이 낮고 실효성이 없는 특약을 없애거나 주계약을 감액하면 된다. 일종의 보험료 다이어트이다.

보험, 눈물을 머금고 꼭 해약해야 한다면

어쩔 수 없이 보험상품을 해약할 수밖에 없는 경우라면 저축성 보험의 해약을 우선적으로 고려하고 보장성 보험은 유지하도록 해야 한다. 특히 가족 중에 제일 아플 것 같은 사람, 또 아프거나 죽었을 때 가정경제에 가장 큰 영향을 미치는 사람에 대한 보험은 반드시 유지하자.

세제 혜택이 있는 개인연금보험 역시 해약할 경우 이미 받은 혜택에 대한 벌금이 다른 상품에 비해 크므로 가급적 유지해야 한다. 특히 생명보험상품 중 종신보험, 손해보험상품 중 통합보험만은 아무리 보험료를 내기 어렵더라도 해약보다는 별도의 방법을 찾아 유지하도록 노력해야 한다.

Action Plan 도대체 생명보험과 실손보험의 차이는 뭐지?

₩   생명보험은 사망할 때까지 질병과 재해의 구분 없이 사망보장이 가능한 반면, 손해보험의 실손보험은 질병사망을 80세까지만 보장받을 수 있다는 것이 가장 큰 차이다. 또한 생명보험의 경우 계약 시 정해진 액수만큼 보상해주며 약관에 명시된 내용에서만 보장한다. 손해보험의 실손보험은 최고 액수 한도 내에서 실제 손해액만큼 100% 보상해주고 약관에 명시된 내용을 제외한 나머지 모두 보장해준다. 따라서 보험에 가입할 때는 생명보험을 기본으로 하고 실손보험으로 보완하면 최소 보험료로 최대의 위험보장을 받을 수 있다.

적립식 펀드VS
변액유니버셜보험

14

▶▶▶ "적립식 펀드가 좋아요, 변액유니버셜보험이 좋아요?"

난감한 질문 중 하나다. 적립식 펀드와 변액유니버셜보험 중 더 나은 것을 찾는 것은 사과와 배 중에서 더 맛있는 것을 찾는 것과 비슷하다. 이 둘은 지향하는 바가 다른 상품이기 때문이다. 그러나 통상적으로 1~3년 정도의 중·단기를 목적으로 하는 경우에는 적립식 펀드가 더 좋고, 10년 이상의 장기가 목적이면 변액유니버셜보험이 더 좋다고 말할 수 있다.

변액유니버셜보험이 뜨는 이유

변액보험은 위험보장이라는 생명보험의 기능에 투자수익률에 따른 실적배당 기능을 도입한 상품이다. 가입 후에도 주식시장 및 채권시장의 상황에 따라 자유롭게 펀드변경이 가능하기 때문에 높은 수익과 안정성을 동시에 추구할 수 있다. 같은 보험료를 내고도 다른 보장이나 연금액을 받게 되는 변액보험의 특성상 조금만 부지런하면 보장금액과 노후준비금액을 높일 수 있는 것이다. 특히 변액보험의 경우 투자 위험을 피할 펀드변경 옵션이 있다. 펀드변경은 가입자가 펀드 종류를 바꾸거나 펀드 투입비율을 조정하는 기능이다.

변액보험은 대부분 주식형, 안정형, 채권형, 해외주식형 등 4~8개 유형의 펀드를 운용하고 있다. 보통은 가입 후 3개월 후부터 1년에 12회까지 추가 비용 없이 펀드를 변경할 수 있다. 하지만 일반적으로 1년에 4회 이내가 적당하다. 왜냐하면 시장 예측이 빗나갈 경우 상대적으로 리스크가 많이 수반되기 때문이다.

적립식 펀드와 변액유니버셜보험을 비교한다!

▶ 강하게? 혹은 길고 가늘게?

적립식 펀드: 강한 공격이 높은 수익을 말한다

적립식 펀드에 가입하는 사람의 주된 목적은 높은 수익률이다. 정기적금으로는 만족할 수 없기 때문에 원금 손실의 위험을 감내하고도 적립식 펀드를 선택하는 것이다. 따라서 적립식 펀드는 상당히 공격적으로 운용되는 경향이 강하다. 수익률이 낮으면 외면당하기 쉽기 때문이다.

변액유니버셜보험: 가늘고 길게 간다

위험을 피하고 자연스럽게 자산가치를 높이는 것이 주요 목적인 변액유니버셜보험은 높은 수익률보다 안정적이고 지속적인 수익을 추구한다. 변액유니버셜보험은 주식혼합형이라고 해도 위험을 분산하는 차원에서 채권에 50% 정도를 분산투자한다. 따라서 지금과 같은 시장 하락기에도 수익률이 크게 떨어지지 않는다. 단, 변액유니버셜보험에도 주식, 채권에 100% 투자하는 상품도 있음을 유의해야 한다.

▶ 무엇이 수익률을 좌우하는가

적립식 펀드 : 펀드매니저의 역량이 수익률을 좌우한다

펀드의 수익률은 운용하는 펀드매니저에 따라 큰 차이를 보인다. 따라서 수익률이 만족스럽지 못하다면 펀드매니저의 교체를 고려해볼 필요가 있다. 펀드매니저가 바뀌면 운용철학도 달라지며, 이에 따라 수익률도 큰 폭으로 변할 수 있다.

변액유니버셜보험 : 시스템이 수익률을 좌우한다

변액유니버셜보험은 시스템에 따라 움직이는 성향이 강하다. 소수의 펀드매니저에게 100% 운용을 맡기는 대신에 일정한 운용철학을 주고 여러 펀드매니저들이 협동해서 운용한다. 고수익보다는 적정 수익을 꾸준히 내는 것을 목적으로 하기 때문에 개인이 단독으로 펀드를 움직이지 못하고, 따라서 펀드매니저의 변경 여부를 신경 쓸 필요가 없다.

▶ 수수료율은 어떻게 다른가

적립식 펀드 : 변액에 비해 초기 수수료율이 낮다

일반적으로 펀드는 세금을 내게 된다. 적립식 펀드도 마찬가지다. 주식에 투자하는 펀드일 경우에 주식의 매매차익에 대해서는 비과세이지만 배당소득 같은 나머지 모든 수익은 세금으로 이어진다. 일반적으로 적립식 펀드의 운용수수료는 2.5~3% 정도다.

변액유니버셜보험: 시간이 지나면 수수료율이 낮아진다

변액유니버셜보험은 10년 이상 유지할 경우에 그 어떠한 세금도 부과되지 않는다. 반면, 초기 수수료가 펀드에 비해 상대적으로 비싸다. 이는 보험의 특성상 초기에 사업비 부분을 제하도록 되어 있어서 그렇다. 하지만 운용수수료는 약 0.3~0.8%로 펀드와 비교할 수 없을 만큼 싸기 때문에 장기적으로 투자할 경우 변액유니버셜보험이 더 유리하다.

Action Plan 변액보험의 수익률은 어디에서 확인하나?

₩ 변액보험에 가입한 대부분의 사람들은 변액보험이 장기상품이라는 생각에서 별다른 점검을 하지 않는 경우가 많다. 수익률이나 자산운용성과를 확인하지 않는 것은 물론이고 심지어 어떤 펀드에 투자하는지조차 모르는 경우가 많다. 변액보험은 주식이나 채권에 투자하는 실적배당형 상품이기 때문에 적어도 1개월에 한 번 정도는 수익률이나 자산운용성과 등을 점검하고, 적어도 1년에 한두 번은 적립금과 불입금을 분리해 펀드를 변경할 필요가 있다.

자신이 가입한 보험회사의 변액보험 공시실에서 운용하는 모든 펀드의 운용성과를 파악하고 자신의 자산운용내역을 파악한 후 수익성 제고를 위한 펀드 변경을 해야 한다. 처음 변액보험에 가입하는 사람은 생명보험협회 공시실에서 펀드별 기준가격 및 수익률, 기간별 수익률, 기간별 기준가격, 펀드 등을 보험회사별로 비교·확인하고 펀드운용이 안정적이고 우량한 보험회사의 변액보험을 준비하면 된다.

다음은 각 보험회사의 변액보험 운용상황을 알 수 있는 사이트이다.
생명보험협회 www.klia.or.kr.

오래 둘수록 빛나는 변액보험상품

▶▶▶ 투자원칙 중 아무리 강조해도 지나치지 않은 것이 '우량주에 대한 장기투자'다. 10년 전에 3만 원대이던 삼성전자의 주가가 최근 계속되는 금융위기에도 50~60만 원대를 넘나들고 있다. 10년 전에 그 주를 사놓은 사람이라면 2,000%에 육박하는 수익률을 올릴 수 있었다는 이야기다. 그런데 과연 10년이나 같은 주를 '고이 모셔두는' 사람이 몇 명이나 될까.

제아무리 종목 선정을 잘하더라도 직접 개별종목을 선택해 장기로 투자하기란 쉽지 않다. 이러한 '투자성'과 '장기성', 그리고 '보장성'까지 만족시켜주는 것이 바로 '변액보험'이다. 흔한 말로 세 마리 토끼를 한꺼번에 잡는 방법이다.

묻어둘수록 돈이 되는 변액보험

'변액variable'은 실적배당, 즉 투자를 표현하는 말이다. '보험'은 알다시피 장기성 상품이다. 그래서 변액보험은 보험료의 일부를 주식이나 채권, 펀드 등에 투자해 그 실적에 따라 보장금액이나 노후준비자금에 차이가 발생하게 되는 대표적인 장기 저축투자형 상품이다.

일반인들이 투자에 실패하는 가장 큰 이유는 시장의 변동에 따라 팔고 사기를 계속하기 때문이다. 장기적인 투자를 못 한다는 것이다. 경제의 지속적인 발전과 함께 굴곡은 있을지 몰라도 장기적으로 주식시장은 상승할 수밖에 없다. 그냥 진득하니 묻어두면 된다. 그런데 사람의 마음이라는 게 마냥 느긋하지만은 않다. 이런 측면에서 변액보험은 장기적으로 묻어둘 수밖에 없는 강제성을 지닌 상품이라는 면에서 매력이 있다.

변액보험상품은 크게 변액종신보험, 변액연금보험, 변액유니버설보험으로 구분된다. 세 종류의 공통점은 '변액', 즉 투자 형태로 운용된다는 점이다. 하지만 각각이 종신보험, 연금보험, 유니버설보험의 차별성은 그대로 유지한다.

▶ 투자와 보험, 실속을 한꺼번에

변액보험은 장기투자형 상품이면서 납입 도중 사망이나 질병, 혹은 장애 시 보험금이 지급되는 최소한의 보험기능이 있다. 또한 중도 인출, 추가 납입 기능 등을 통해 장기적으로 돈을 묶어두어야 하는 보험의 단점을 보완한 상품이다. 보험차익은 물론 추가 납입과 중도 인출한 금액도 계약이 유지되는 한 그에 따른 이자소득세가 면제된다. 10년 이상 투자했을 때는 이자소득 전액이 비과세라는 특징이 있다. 그래서 10년 이상 가입이 필수라고 강조하는 것이다.

변액보험은 펀드 같은 중·단기 상품과 다른 장점을 가지고 있다. 이러한 장점을 이해한다면 변액보험을 100% 활용할 수 있다.

▶ 반드시 재무설계를 통해 가입하라

변액보험을 제대로 활용하기 위해서는 반드시 FP를 통해 재무설계를 받아야 한다. 변액보험은 10년 이상을 바라보고 가입하는 상품이고 투자금액 또한 소액이 아니다. 장기적으로 잘못된 투자를 할 경우에 손해는 생각보다 커진다.

한편, 높은 수익을 얻고 향후 10~20년 후에 많은 보험금을 받기 위해서는 자산운용사의 펀드 운용 능력이 관건이다. 보험사가 어떤 운용사에 펀드를 위탁 운용하는지 잘 따져보아야 한다.

▶ 은퇴설계는 변액보험으로

변액보험이 가장 빛을 발하는 것은 은퇴설계를 할 때다. 변액보험은 장기적으로 목적자금을 마련하기 위해 가입할 때 가장 유리한 상품이기 때문이다. 더 이상 자녀가 부모의 미래를 책임져주지 않는다. 이런 시대 상황에 맞출 상품은 변액보험이 거의 유일하다고 말할 수 있다.

▶ 가입 5년 후부터 펀드 수익률을 이긴다

변액보험은 최저보장금액 등 보험기능을 수행하기 위해 가입 초기에 상당 금액이 사업비로 빠지게 된다. 하지만 시간이 지날수록 사업비의 비율은 줄어든다. 이에 따라 5년 이내로 투자할 경우에 펀드 등이 유리할 수 있으나, 그 이후에는 변액보험이 단연 유리해진다. 특히 펀드는 단기로 찾아 쓰고 싶은 유혹을 느끼기 때문에 장기간 투자가 어려운데다 노후에 연금으로 전환하려면 추가로 연금 전환 비용을 물어야 한다는 단점이 있다.

▶ 원금 손실 가능성을 없앤 '원금+알파'형 상품이 있다

만에 하나 원금을 날리면 어쩌나 하는 염려 때문에 변액보험에 가입하지 않았다면 이제 그 걱정은 하지 않아도 된다. 펀드의 투자수익률이 아무리 나쁘더라도 연금 개시 시점에 고객이 낸 납입보험료만큼의 연금 적립금을 회사가 보증해주고, 여기에다 일부 수익을 추가하도록 하는 상품이 잇달아 출시되고 있으니 말이다. '원금+20~30%'까지 보증하는 상품도 있다.

▶ 채권형과 주식형을 내 맘대로 오간다

변액보험의 가장 큰 장점은 가입한 뒤 1년에 열두 차례까지 채권형과 주식형을 오갈 수 있다는 점이다. 적립식 펀드는 한 번 가입하면 펀드 변경이 불가능하지만, 변액보험은 주식시장의 변동에 재빨리 대처해 수익을 높일 수 있다.

주가 상승이 예상되면 주식혼합형이나 주식 편입 비중을 높이는 게 좋다. 반면, 주가 하락이 예상되면 주식 편입 비중을 낮추거나 채권형으로 변경하는 것이 바람직하다.

펀드를 변경하려면 가까운 보험사 고객센터를 찾아가 해당 변액보험 상품의 펀드 내용에 대한 설명을 듣고 새로운 펀드를 선택하면 된다. 전문가의 도움 없이도 펀드 변경에 자신이 있다면 보험사에 비밀번호를 등록한 후 보험사 홈페이지에서 직접 변경할 수도 있다. 펀드별 수익률이나 투자와 관련된 상세 내용은 각 보험사나 생명보험협회 홈페이지 www.klia.or.kr의 변액보험 공시실을 통해 확인 가능하다.

Action Plan 내 나이에는 어떤 연금보험상품이 유리할까?

₩   금융상품은 좋다고 무조건 가입해서는 안 된다. 반드시 가정의 재무구조와 소득, 나이에 맞는 상품에 가입해야 한다. 특히 노후를 설계할 때는 장기투자라는 특성상 나이에 적합한 상품을 찾아 풍요로운 노후를 준비해야 미래에 실망하지 않는다.

〈연령대별 노후설계에 적합한 장기상품〉

연령대	장기상품
15세 이하	어린이 변액유니버설보험
15세 이상~30대	변액유니버설보험
40대	변액연금보험
50대 이상	일반연금보험
60대 이상	즉시 연금보험

내 돈을 지켜라!

대출, 지르기 전에 한 번 더 생각하라

▶▶▶ "외상이면 소도 잡아먹는다"는 속담이 있다. 지금 당장 지불해야 하는 대가가 없으니 일단 지르고 보자는 잘못된 행태를 빗댄 표현이다.

외상에 대한 사람들의 반응은 의외로 극과 극이다. "내 사전에 외상은 없다!"는 사람이 있는 반면, "내 돈이 내 돈이고, 네 돈도 내 돈이다"라며 남의 것을 내 것처럼 아무렇지 않게 빌려 쓰는 사람도 있다. 게다가 요즘은 '신용카드'다, '즉시대출'이다 하며 공공연하게 합법적으로 외상을 부추기는 시대가 되었다.

외상은 언젠가 갚아야 할 부채다. 물론 기업이나 가정에서 부채의 긍정적인 기능도 있는 게 사실이다. 부채의 성격을 명확히 인식하고 규모 있게 운용한다면 부채는 재정을 효율적으로 운용하는 윤활유 역할을 할 수 있다. 문제는 남의 돈을 가지고 상환 계획과 대책도 없이 무분별하게 덤빈다는 데 있다. 대출은 지르기 전에 대출의 상환과 관련한 '자가 진단'이 선행되어야만 한다.

▶ 가계대출, 금융자산의 30%를 넘지 마라

일반적으로 가계를 운용할 용도로 활용하는 가계대출은 금융자산의 30%를 넘지 않는 것이 좋다. 연령이나 기타 여건에 따라 다르지만, 대출을 활발하게 활용하는 30대 중후반부터 40대 중반까지를 기준으로 금융자산의 규모는 연봉의 2배를 넘지 않는 것이 일반적인 통계다. 실직과 같이 예기치 않은 일이 발생할 경우에 최소한 부채 부담을 제외하고 평소 연봉의 1.5배 정도는 금융자산으로 보유하고 있어야만 2년 정도의 재기 기간을 거쳐 가계 재정이 정상화될 수 있다.

▶ 이자비용은 소득의 20%를 넘지 마라

매월 지출하는 이자비용이 소득의 20%를 넘어서는 곤란하다. 흔히 부채가 없는 가정의 경우에는 소득에서 소비성 지출을 차감한 가계잉여율이 35%대면 우수한 측에 속한다. 여기에서 이자비용으로 20%이상 지출된다면 가계의 잉여율은 15%대에도 못 미치게 된다. 15%대에도 미치지 못하는 잉여율을 가진 가정이라면 자산증식에 상당한 제약이 생길 수 있다.

일반적으로 부채는 부동산 구입 같은 자산 성격의 지출을 제외하고는 대부분 소비 형태로 쓰이게 마련이다. 따라서 그 원금에 대한 이자비용 또한 소비성 지출로 분류된다.

▶ 원금상환을 위한 준비를 미리 해두어라

대출을 계획한다면 원금의 상환도 함께 계획해야 한다. 미리 예금이나 적금을 통해 대출 상환 자금을 준비해야 한다는 말이다. 빌리기 이전부터 갚을 것을 먼저 계획하고 준비해둔다면 무분별하고 과도한 대출로 인해 가정경제가 파탄에 이르는 것을 막을 수 있다.

▶ 최소한의 금액으로 해결한다

자가진단으로 산출한 대출금액과 본인이 희망하는 대출금액, 그리고 금융권에서 제시한 대출한도 중 가장 적은 금액으로 대출을 받는다. 대출은 가능한 한 주거래 은행을 활용하는 것이 유리하다.

▶ 고객의 금리인하권을 적극 활용하라

대출 기표 시에는 거래약관을 꼼꼼히 검토해보고 금리를 적용하는 방식 등에 대해 차근차근 확인할 필요가 있다. 대출을 제공하는 사람과 받는 사람 쌍방의 거래이므로 주는 사람만 권리가 있는 것이 아니라 받는 사람에게도 많은 권리가 부여될 수 있다. 일례로 시중은행들이 고객의 금리인하권을 보장하겠다는 내용이 대출 약정서에 있다. 대출 당시보다 본인의 신용이 좋아졌다고 판단되면 증빙서류를 첨부해 은행에 금리인하를 요구할 권리다. 직급 상승, 연봉 상승, 기타 자격증 취득 등 신용 판단에 변화를 줄 상황이 발생한 경우에 고객도 당당히 은행에 권리를 요구할 수 있다.

대출로 인해 얻게 되는 즉각적인 효용은 달콤하다. 당장의 돈 걱정을 해결해 주기 때문이다. 하지만 이러한 만족감도 잠시 뿐, 이자 부담에 원금 상환 압박이 우리를 기다리고 있다.

대출, 힘들다고 해서 무작정 지르다가는 나와 내 가족의 인생이 차압 당할 수 있다는 것을 명심해야 한다.

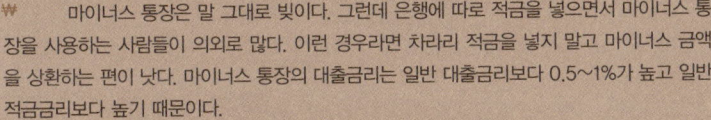

Action Plan 적금을 넣으면서 마이너스 통장을 쓴다고?

₩　　마이너스 통장은 말 그대로 빚이다. 그런데 은행에 따로 적금을 넣으면서 마이너스 통장을 사용하는 사람들이 의외로 많다. 이런 경우라면 차라리 적금을 넣지 말고 마이너스 금액을 상환하는 편이 낫다. 마이너스 통장의 대출금리는 일반 대출금리보다 0.5~1%가 높고 일반 적금금리보다 높기 때문이다.

쓰지 않는 마이너스 통장도 당장 없애야 한다. 견물생심이라고 한번 쓰면 계속 쓰게 되는 것이 마이너스 통장이다.

예1) 매달 세금우대적금 100만 원씩 12개월 저축, 마이너스 통장 12개월 1,200만 원 사용
　　 – 적금금리 연 6%, 마이너스 통장 대출금리 연 9%

구분	적금	마이너스	차이
이자	352,950원	1,080,000원	727,950원
6개월 이자율	2.94%	9%	6.06%

예2) 마이너스 통장 1,200만 원을 사용하고 매월 100만 원씩 마이너스 통장에 저축한다면 12개월 이자 585,000원으로 빚도 청산되고 이자도 덜 내는 효과가 있다.

▶▶▶ 대출은 잘 쓰면 '약'이요, 잘못 쓰면 '독'이 되는 대표적인 금융 상품이다. 대출이자를 제대로 갚지 못하면 담보물이 넘어가거나 신용이 불량해져 몰락의 길로 들어선다. 하지만 자산이 없어서 새로운 일을 못하는 사람에게는 구원의 물과도 같다. 가난한 사람이 가난에서 벗어날 방법 중 하나가 대출을 활용해 원하는 사업을 하는 것이다.

따라서 아무리 계산기를 두드려보아도 '대출' 밖에 답이 없다면 한 푼이라도 대출이자를 줄이는 방법을 찾아보아야 한다. 대출은 돈을 빌리는 순간부터 이자가 나가기 때문에 또 하나의 지출원이 된다.

담보가 이자를 줄여준다

주택만 담보가 되는 것은 아니다. 토지도 담보가 될 수 있고, 심지어 예금이나 전세보증금도 담보가 된다. 담보 설정 비용에 대한 문제가 있지만 담보가 제공되는 대출은 그만큼 금리가 저렴하다. 주변에 담보가 될 만한 물건이 있다면 우선적으로 제공하면 좋다.

▶ 장기예금을 담보로 이용하라

자신이 가지고 있는 재산을 담보로 이용하면 조금 더 싸게 대출할 수 있다. 그중에서 제일 간단한 방식이 예금을 담보로 제공하는 것이다. 특히 장기예금은 급전이 필요한 경우에 사용하면 유리하다.

예를 들어 장기주택마련저축에 가입하고 있다면 불입금의 범위 내에서 간단하게 담보대출을 신청할 수 있다. 모든 금융기관에서 자행예금에 대해 담보대출을 취급한다. 예금담보대출은 대부분의 금융기관이 예금금리에다 약 1.5%를 가산해 대출하고 있다.

▶ 유가증권을 담보로 이용하라

주식, 채권, 펀드, 은행CD, 종금사 발행어음 등 유가증권을 담보로 비교적 저렴한 금리에 대출을 받을 수 있다. 채권은 유가증권 중에서 가장 대출이 확실한 담보방법으로 주택담보대출과 같은 수준의 금리를 적용받는다. 펀드대출은 일반적으로 평가금액의 50% 정도 이내에서 3개월 단위로 대출된다. 유가증권은 그것이 얼마나 신용도가 있느냐, 연체 시 금융기관이 얼마나 쉽게 환금할 수 있느냐를 기준으로 대출가치를 판단한다.

▶ 각종 권리도 담보가 된다

각종 권리, 자동차, 선박 등도 당연히 담보로 제공할 수 있다. 권리란 특허권, 어업권 같은 향후 경제 이익이 발생하는 우선적 권리를 말한다.

절차가 까다롭기는 하지만 현명한 금융기관은 향후 중요한 담보물이
될 것임을 알아본다.

은행도 이자도 내 맘대로 고른다

대출자격이 되면 금리가 제일 저렴하고 상환조건이 가장 유리한 금융
기관을 찾아야 한다. 과거와 달리 요즘 금융기관은 원가에 대한 관리를
하고 있으므로 은행마다 대출금리가 다르다. 또 같은 은행이라도 지점
마다 금리가 다르다. 직접 조건을 제시하고 받아들일지 여부를 타진해
도 무리가 아니다. 그만큼 은행 문턱이 낮아졌으며 아파트처럼 확실한
담보를 가지고 있다면 경쟁을 통해 가장 좋은 조건을 제시하는 은행에
서 대출하는 것이 좋다.

▶ 부대비용과 상환조건을 따져라

•근저당권 설정비 담보에 근저당권 설정
을 하는 데 소요되는 비용.

담보를 제공할 때에는 •근저당권 설정비나 법
무사 수수료 등이 있는지, 조기상환에 대한
페널티 조항이 있는지, 연체이율은 어떻게 되는지, 대출을 갚는 방식은
선택할 수 있는지 꼼꼼히 확인한 후에 자신에게 맞는 대출을 선택한다.

　일반적으로 담보설정비가 면제되는 대출은 조기에 갚을 경우 조기상
환 수수료를 부과하고, 담보설정비를 모두 받고 대출하는 경우에는 조
기상환 수수료를 물리지 않는다. 이 조건은 금융기관마다 다르므로 충
분히 알아보아야 한다.

▶ 간단한 대출은 인터넷뱅킹을 이용하라

큰 규모의 대출이나 담보대출이 아니라면 인터넷을 통한 대출을 신청하는 것이 유리할 수 있다. 창구에 찾아가는 손님이 많을수록 은행은 지점의 유지비용을 더 들이고 직원을 더 뽑아야 하므로 간접비용에 대한 부담이 커지기 때문이다.

금융기관과 거래할 때 항상 잊지 말아야 할 것은 금융기관이 부담해야 하는 비용이 클수록 소비자의 부담도 커진다는 것이다. 대표적인 것이 온라인 송금수수료다. 타 금융기관에 송금할 때의 송금수수료만 보더라도 창구에서 송금하면 가장 비싸고 그 다음은 카드로 송금하는 것, 그리고 가장 싼 것이 인터넷 뱅킹이다. 그 만큼 인터넷 뱅킹은 편하고 비용도 적게 든다.

대출도 마찬가지다. 인터넷을 통한 신청은 은행에 그만큼 비용을 줄여주는 효과가 있다. 따라서 금리도 싼 것이 당연하다. 단, 사전에 반드시 창구에 확인하여 금리비교를 한 이후 더 유리한 조건의 대출을 인터넷뱅킹으로 신청해야 한다.

▶ 마이너스 대출도 이자를 줄일 수 있다

마이너스 통장을 사용한다면 이를 급여 이체 통장으로 만들어 놓아라. 또 매월 결제해야 하는 신용카드 대금, 휴대폰 요금, 공과금 등을 마이너스 통장과 연결해 빠져나가게 해라. 단 며칠이라도 마이너스 통장에 이러한 돈이 들어가면 그만큼 대출이 상환된 것으로 보아 이자를 줄일 수 있다.

일반적으로 마이너스 통장 대출은 신용대출이지만 담보대출도 가능하다. 청약통장이나 장기거래 예적금을 담보로 마이너스 통장을 만들면 대출이자를 많이 아끼게 된다.

Action Plan 빚이 있다면 무엇부터 갚아야 하나?

₩ 대출상환에도 순서가 있다. 높은 이자, 만기가 가까운 빚, 규모가 작은 부채부터 갚아야 한다. 좀더 자세히 살펴보면 아래와 같다.

- 신용대출과 담보대출이 있다면 당연히 신용대출부터 갚아야 한다. 일반적으로 담보대출보다 신용대출의 금리가 높기 때문이다.
- 같은 기간이라도 비싼 이자를 물어야 하는 대부업체나 상호저축은행 등의 부채를 은행대출보다 먼저 상환해야 한다.
- 연체 불이익을 피하려면 만기일이 가까운 부채를 조속히 상환하는 게 바람직하다.
- 신용카드는 사용일수에 따라 수수료가 붙어나므로 먼저 갚아야 한다. 현금서비스도 마찬가지다.
- 은행대출 중에서는 장기주택마련대출처럼 소득공제 혜택이 있는 상품을 가장 늦게 갚는 것이 유리하다.

주식 하락기의
주식·펀드투자

Part 2

내 돈을 지켜라!

사면 내리고 팔면 오르는 투자자들의 공통점

주식
펀드

18

▶▶▶ "남들은 잘만 오르는데 유독 내가 투자한 주식이나 펀드만 떨어져요. 잘 오르다가도 내가 사기만 하면 그날부터 떨어지기 시작하죠. 오르기만 기다리다 지쳐서 환매를 하거나 팔면 그날부터 줄기차게 오르기 시작한다니까요."

주식이나 펀드를 하는 사람이라면 한 번쯤 경험해본 일일 것이다. 일명 '머피의 법칙'으로 불리는 '지지리 운도 없는' 이런 경우 때문에 나는 투자와 인연이 없다고 단정하지는 않았는지.

더 이상한 것은 운이 없다는 사람들이 우리 주변에는 왜 이리도 많을까 하는 점이다. 그런데 자세히 관찰해보면 그들에게는 '운을 달아나게 만드는' 몇 가지 공통점이 있다.

운 없는 투자자들의 공통점

▶ 기다림은 미덕!? 시장이 무르익기를 충분히 기다린다

기다림은 항상 미덕이 되는 것이 아니다. 가격이 조금씩 올라가기 시작

할 때는 "과연 계속 오를까?"라며 머뭇거린다. 그러다가 주변 사람들까지 투자해서 돈을 벌었다는 이야기가 들리면 귀가 솔깃해진다. 그리고 신문과 TV에서 투자를 떠들어대면 비로소 실행에 옮긴다. 이처럼 시장이 무르익기를 너무 오래 기다리면 비싼 가격에 살 수 밖에 없다.

▶ 장기적 안목은 가라! 당장 수익이 날 종목에 과감히 배팅한다

대표적인 예로 중국을 들 수 있다. 이미 중국은 과열 조짐이 나타났는데도 당장 주가가 오르니 "우선 사들이고 보자!"는 주의다. 장기적인 안목보다 단기 수익에 급급한 투자로 인해 가격이 하락하면 안절부절 못하게 된다.

▶ 가격 하락기에 안절부절, 환매 결행

가격이 하락하게 되면 더 큰 손실이 날까 두려워 어쩔 줄 몰라 한다. 하지만 "주인과 함께 길을 나선 강아지는 앞서 가다 돌아오기를 반복하면서 결국 목표점에 도달한다"는 앙드레 코스탈로니의 강아지 이론을 보더라도 결국 일정 시간이 지나면 다시 가격은 상승하게 되어 있다.

▶ 본전을 찾으려면 대세 상승을 기다려라

손실을 거듭하다보면 본전 생각은 당연하다. 이러한 생각은 '있는 돈 없는 돈'을 긁어 다시 투자하게 만든다. 그런데 다시 손실을 반복할 수는 없다. 대세 상승이라는 확신이 들 때까지, 다시 말해 증권사 객장이 발

디딜 틈 없이 붐빌 때까지, 혹은 방송 드라마에서 주식이나 펀드투자의
성공스토리가 심심찮게 등장할 때까지 기다렸다 다시 투자를 실행한다.

▶ 이것저것 얻어들은 정보만으로 충분하다

각종 매체 등을 통해 얻은 정보를 기초로 투자하거나, 전문가의 말만 믿
고 투자하는 '묻지마' 투자는 실패로 이어질 수밖에 없다. 투자하기로
결심했다면 기초적인 지식 정도는 반드시 익혀라. 다양한 정보나 시장
상황에 대해 정확히 해석하고 판단할 수 있는 능력을 키워야 한다.

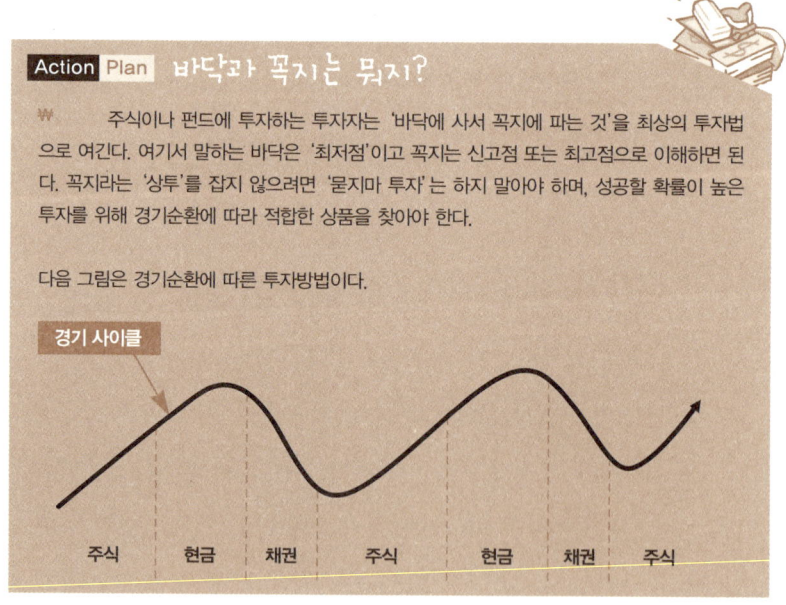

Action Plan 바닥과 꼭지는 뭐지?

₩   주식이나 펀드에 투자하는 투자자는 '바닥에 사서 꼭지에 파는 것'을 최상의 투자법
으로 여긴다. 여기서 말하는 바닥은 '최저점'이고 꼭지는 신고점 또는 최고점으로 이해하면 된
다. 꼭지라는 '상투'를 잡지 않으려면 '묻지마 투자'는 하지 말아야 하며, 성공할 확률이 높은
투자를 위해 경기순환에 따라 적합한 상품을 찾아야 한다.

다음 그림은 경기순환에 따른 투자방법이다.

경기 사이클

주식   현금   채권   주식   현금   채권   주식

모든 장기투자가 성공을 보장하지는 않는

▶▶▶ 주가에 울고 웃는 사람은 투자자만이 아니다. 휴대전화 벨소리만 들려도 가슴이 철렁하는 것이 FP다. "곧 좋아집니다. 희망을 가지고 장기투자하십시오!" 애써 강변해보지만 하루하루 희비가 엇갈리는 시장 상황은 '그것이 정말 정답일까?' 하는 의구심마저 들게 만든다.

이론적으로 주가는 오르고 내리고를 반복하면서 우상향, 즉 상승한다는 것을 전제로 한다. 그래서 투자의 성공 포인트를 '기간'이라는 시간적 의미로 해석하기도 한다.

그렇다면 장기투자자는 누구나 다 성공하는가? 안타깝게도 그렇지 않다. 단기투자에 비해 성공할 확률이 높을 뿐이지 반드시 성공하는 것은 아니다.

장기투자로 성과를 얻으려면 장기적으로 성장할 가능성이 매우 높은 국가나 기업에 투자해야 한다. 제 아무리 장기투자라고 하더라도 성장 가능성이 낮거나 망해버릴 회사에 투자하면 돈이 휴지 조각이 되는 상황을 맞게 된다.

지금의 우량주는 영원하다?

장기투자로 마음을 굳힌 투자자들은 과연 무엇이 우량주인지에 주목할 것이다. 또한 지금의 우량주가 10년, 20년, 길게는 30년 후에도 우량주일지 의구심을 가지게 된다. 사실 이는 신이라도 장담 못할 일이다. 그런데 무얼 믿고 "우량주를 골라 장기투자하라"고 하는지 그저 답답하기만 하다.

우량주도 세계 경제의 흐름이나 발전 속도, 단계에 따라 달라진다. 해답은 상황에 따라 대표 우량 종목**혹은 국가**을 조정해주는 데 있다.

전문가의 다양한 분석과 연구도 평균수익률을 따라잡지 못한다

지금 이 시간에도 많은 사람들이 성공적인 주식투자를 위해 머리 터지게 연구하고 있다. 주가지수나 개별종목의 특성과 움직임, 추이 등을 그래프나 수치로 만들어 향후 움직임을 예측하는 기술분석, 각 기업의 실적과 내재가치, 성장 잠재력 등을 토대로 하는 기본분석 등 그 종류만 해도 만만치 않다. 하지만 많은 투자자들이 이처럼 노력하는데도 투자의 결과는 만족스럽지 않다. 시장의 평균수익률보다 높은 성과를 내는 경우가 많지 않기 때문이다.

장기투자의 답, 인덱스펀드의 운용

사람들은 시장의 평균수익률과 동일하거나 유사한 수익률을 얻을 수 없을까 고민했고, 그 결과 탄생한 것이 바로 '인덱스펀드'이다. 인덱스펀드는 글자 그대로 인덱스^{index}, 즉 주가지수를 복제해 시장의 평균수익률과 거의 동일한 수익을 얻도록 만들어진 펀드이다. 주가지수를 복제한다는 것은 주가지수와 거의 비슷한 성과를 내기 위해 주식시장에서 개별종목들이 매수 또는 매도되는 시점에 똑같은 양을 매수 또는 매도함을 의미한다. 우리나라 주식시장에 상장된 기업이 1,000여 개에 달하는데 모든 종목을 동일하게 사고팔기는 거의 불가능하다. 따라서 주가지수에 영향을 미치는 200개 종목을 선정하고, 이들 종목이 매수 또는 매도되는 시점에 동일하게 사고팔 수 있도록 프로그램을 만들어 운용하는 것이 보통이다.

우리나라는 거래소의 주요 200개 종목 지수를 목표로 하는 'KOSPI 200 인덱스펀드'가 가장 대표적이며, 이외에 코스닥의 주요 50개 종목 지수를 목표로 하는 'KOSDAQ50 인덱스펀드', 배당을 많이 하는 종목 지수를 목표로 하는 'KODI 인덱스펀드', 기업지배구조가 좋은 종목 지수를 목표로 하는 'KOGI 인덱스펀드' 등 다양한 유형으로 운용되고 있다.

인덱스펀드의 장점

인덱스펀드는 다른 펀드들과 달리 투자전략을 세우고 투자종목을 선정하기 위한 리서치 기능이나 펀드매니저의 역할이 작다. 그 대신 운용방법이 투명하고 쉽기 때문에 펀드를 운용하기 위한 비용, 즉 투자자가 부담해야 할 수수료가 저렴하다. 또한 지수를 복제하기 위해 많은 종목에 나누어 투자하기 때문에 분산투자 효과가 크며, 지수에 영향을 미치는 종목에 투자하기 때문에 우량주의 비중이 자동으로 커지고 부실한 주식의 비중이 작아지는 효과가 있다.

장기적이고 지속적으로 지수의 수익률을 따라가기 때문에 위험이 상대적으로 줄어드는 장점도 있다. 예를 들어 주식시장은 상승하는데도 내가 투자하는 종목이 하락하거나 투자한 기업이 부도나는 등의 위험을 줄일 수 있다. 위험이 적으면서도 평균수익률 정도를 기대하는 안정적인 투자를 원한다면 인덱스펀드가 좋은 투자대안이다.

인덱스펀드의 단점

인덱스펀드는 지수를 복제하기 때문에 지수 상승기에 시장의 평균수익률을 기대할 수 있다. 하지만 지수가 하락하는 약세장에서는 주식편입 비율이 낮은 펀드나 지수방어주에 비해 수익 방어가 약할 수 있다. 이는 지수 하락의 원인이 된 개별종목보다 하락폭이 작겠지만 지수의 하락만큼 수익률도 줄어든다는 의미다.

*소형주 대형주에 반대되는 개념으로, 자본금이 적은 회사의 주식을 의미한다.

**테마주 주식시장에 새로운 사건이나 현상이 발생해 증권시장에 큰 영향을 미칠 때 이런 현상에 따라 움직이는 종목군을 말한다.

특정 *소형주나 **테마주가 강세를 보이는 장세에서도 시장의 평균수익률을 목표로 하기 때문에 강세인 테마주나 소형주에 투자한 펀드에 비해 상대적으로 수익률이 저조하다는 단점도 있다. 하지만 강세를 보일 테마주나 소형주를 발굴해 소위 '대박'을 내는 것이 쉽지 않아 투자기간 전체로 보면 매우 안정적인 투자기법이다.

인덱스펀드를 주식회사로 만든 ETF

인덱스펀드에 가입하기 위해 금융기관을 방문하는 것이 귀찮거나, 인덱스펀드가 늘 설정되어 판매하는 것이 아니어서 불편한 고객, 또는 중도해지 때 부과되는 환매수수료가 부담스러운 고객은 인덱스펀드를 주식회사로 만들어 주식시장에 상장해놓은 ETF ^{상장지수펀드}에 가입하는 것도 좋은 방법이다.

ETF는 주식에 투자하는 것과 동일하게 온라인으로 손쉽게 매도하거나 매수할 수 있고 환매수수료가 별도로 부과되지 않는다. 투자자의 입장에서 인덱스에 투자하면서도 편의성이 뛰어난 금융상품인 셈이다. 현재 KOSPI200 인덱스펀드는 'KODEX200 ETF'로, KOSDAQ50 인덱스펀드는 'KODEXQ ETF'로, KODI 인덱스펀드는 'KODEX KODI ETF'로 상장되어 있다.

인생과 함께하는 펀드, 라이프사이클 펀드

불황기에도 끄떡없는 또 하나의 장기투자펀드는 라이프사이클 펀드이다. 라이프사이클 펀드는 말 그대로 인생의 주기와 펀드투자 구성비가 맞물려 돌아가는 펀드를 말한다.

공격적인 투자로 목돈을 만들어야 하는 20대나 30대는 90% 이상을 주식에 투자해 수익률을 높이는 데 초점을 맞추며, 5년 내지 10년 사이에 한 번씩 주식투자비율을 낮추고 채권투자비율을 높여 은퇴 시점에 다가갈수록 안정적인 수익을 목표로 한다. 젊을 때는 높은 수수료를 지불하는 만큼 높은 기대수익을 얻을 수 있고, 은퇴 시점이 다가올수록 안정적으로 투자되어 수수료가 낮아지는 효과와 함께 행복한 노후를 맞이하도록 돕는 것이다.

다만 라이프사이클 펀드는 변액보험처럼 손해가 발생했을 때 원금을 보장해주지 않는다. 최종 책임은 투자자가 져야 하는 것이다.

Action Plan 워렌 버핏식 장기투자

₩　　　투자의 대가 워렌 버핏도 향후 1개월, 1년간 주식시장이 좋아질지 나빠질지 예상하기는 힘들다고 말한다. 또한 투자심리나 전반적인 경제가 개선되는 것이 가시적으로 드러나기 전에 주식시장은 이미 상승하기 시작할 것이기 때문에 확실한 때를 기다리다 보면 때를 놓칠 수 있다고 조언한다. 그는 일흔아홉을 바라보는 고령에도 5년, 10년, 20년을 보고 투자하며, 모든 투자자들에게 장기투자를 역설한다.

그런데 정작 워렌 버핏보다 수십 년이나 나이가 적은 우리는 '단기투자'니 '매도 혹은 환매 타이밍을 놓쳤다'느니 하며 발을 동동 구른다. 불황일수록 워렌 버핏처럼 장기투자를 해야 한다. 멀리 내다보아야 산이 보이고 강이 보이는 진정한 자연의 묘미를 만끽할 수 있다.

환율변동 따라
펀드 투자법을 달리하라

▶▶▶ 최근 7년간 침묵을 지키던 달러화가 급반등하면서 달러 강세 시대에 대비한 펀드투자에 관심이 집중되고 있다. 모두 알다시피 원달러 환율의 추이는 국내 경제의 변동과 미국 등 글로벌 경제와 밀접한 관련이 있다. 먼저 국내 경제는 선행지수가 2007년 11월을 정점으로 1년 가까이 연속 하락하고 있다. 글로벌 경제에서 미국이나 중국의 영향을 많이 받으니 앞으로도 환율 상승은 다소 조정이 있을지언정 쉽게 꺾이지는 않을 것이다.

특히 세심하게 신경 써서 살펴야 하는 것은 미국 경제와 우리나라 경제의 상관관계다. 만약 미국 경제가 회복되는데도 우리나라의 경제침체가 계속된다면 달러 가치는 높아질 것이다. 그러면 원달러 환율도 계속 오를 게 당연하다. 누가 더 회복 속도가 빠르냐에 따라 환율변동이 결정되므로 결과는 알 수 없다. 다만 앞으로 원달러 강세가 지속될 것이라는 전망이 우세함을 참고해야 한다.

장기냐, 단기냐! 흐름을 읽어라

펀드투자 중에도 해외 펀드 투자라면 달러화 변동이 펀드 수익률에 영향을 미치기 때문에 달러화 강세가 장기화되느냐부터 따져야 한다. 그리고 해당 펀드가 달러로 투자하는 펀드인지 확인할 필요가 있다. 미국과 글로벌 금융주 투자펀드 등 달러 투자국 비중이 높은 섹터 펀드들이 여기에 해당한다. 반면, 유로화나 엔화로 투자하는 펀드들은 당분간 불안한 모습을 보일 수도 있다. 홍콩 시장에 투자하는 펀드도 홍콩 달러가 미국 달러에 연동되어 비환헤지형인 경우에는 미국 달러 상승의 수혜를 그대로 받을 수 있다. 한 가지 고려할 점은 펀드별로 환헤지하는 비율이 다르기 때문에 확인이 필요하다는 것이다.

환헤지 여부를 확인하라

환헤지란 투자하는 국가의 통화가치가 하락할 때 발생하는 환차손을 예방하기 위해 환매 시 환율을 미리 정해두는 것이다. 이처럼 펀드 가입자가 환헤지를 신청할 때는 가입 시점에 판매사와 *선물환 매도 계약을 맺는다. 예를 들어 1년 후 1달러를 1,000원에 팔기로 미리 확정을 짓는 방식이다. 환차익을 얻기 위한 목적으로 환헤지하지 않는 것을 환노출이라고 한다. 일반적으로 역외펀드는 환노출형이 대부분이지만 국내 운용사는 환율을 투자대상으로 여기기보다 리스크 차원에서 접근하기 때문에 환헤지형 펀드가 대다수다.

*선물환 인수·인도 시기, 외화 종류, 금액, 환시세 등의 거래조건을 미리 정해놓은 외국환. 기간은 보통 6개월로, 환시세 변동에 따른 위험을 피하기 위한 헤지용이나 투기용으로 이용된다.

환헤지형을 선택한 경우에는 계약이 끝난 후에 달러 가치가 크게 올라도 환율 상승에 따른 차익을 얻을 수 없다. 게다가 최근처럼 주가가 크게 떨어져 원금 손실 폭이 커진 상태에서 환헤지를 연장하려면 돈을 추가로 지불해야 한다. 이 경우에 손실은 더욱 늘어나게 된다. 2008년 9월 달러당 원화 가치가 3년 9개월 사이 최저 수준으로 떨어지면서 환헤지를 선택한 펀드 투자자들이 연간 수익률의 최대 20%를 손해 본 것으로 나타났다.

달러 투자 펀드라 하더라도 환헤지 유무는 꼭 확인해야 한다. 환헤지하는 경우에는 달러 상승의 수혜를 받지 못하기 때문이다. 실제로 삼성투신운용에서 운용하는 〈물〉 펀드와 〈대체에너지〉 펀드는 환헤지형과 비환헤지형의 수익률 차이가 확연히 드러났다. 최근 1년 수익률을 기준으로 환헤지 상품은 −11.85%를 기록한 데 반해 비환헤지형 상품은 0.31%의 수익률을 보였다.

환노출형 펀드라는 이유로 무작정 기대하지 마라

투자성향이나 자금여건 등으로 환헤지를 하지 않고 거래하는 투자자들도 적지 않다. 은행권에서는 선물환 계약 없이 해외펀드에 투자한 고객들이 전체 해외펀드 투자자들의 20%가량이라고 추정한다. 해외펀드의 손실이 갈수록 커지는 분위기에서 환헤지를 하지 않은 해외펀드가 최근 환율 상승의 수혜를 입어 그나마 투자손실을 줄여주는 상황이다.

그렇다고 무조건 환노출형 펀드에 가입하는 것이 바람직한 펀드 투자법은 아니다. 최근 환율이 급등한 덕분에 환차익이 있었지만, 반대로 환율이 하락하는 경우에는 그만큼 손실이 커진다. 펀드투자의 원래 목적은 펀드상품의 시세차익에 따른 수익률이며, 환차익까지 고려해 투자할 시에는 또 다른 위험을 감수해야 한다. 그렇다면 환헤지 여부를 판단할 때 주의할 점은 무엇일까.

▶ 달러화 대비 원화 환율만 보지 마라

단순한 달러화 대비 원화 환율만으로 내리는 투자결정은 위험하다. 원달러 환율뿐만 아니라 달러화 대비 유로화, 엔화 환율도 수익률에 영향을 미치기 때문이다.

▶ 투자 지역과 기간을 따져라

원화 가치에 대한 전망이 쉽지 않은 상황에서 투자 지역과 기간 등에 따른 차별화가 필요하다. 특히 소액의 적립식 투자라면 투자기간이 분산되는 만큼 굳이 비용을 지불하며 환헤지할 필요성은 많지 않다.

▶ 비과세 적용을 체크하라

해외펀드 비과세 혜택이 환율변동에 따른 수익에 대해 적용되지 않는다는 점도 유념해야 한다. 환노출로 가입한 펀드가 손실을 기록했더라도 환율로 인한 수익 부분에 대해 과세가 이루어진다는 말이다.

펀드 체크리스트를 만들어라

▶ 펀드 투자 대상을 다시 들여다보자

그동안 좋은 모습을 보인 원자재 펀드와 자원부국 펀드에 대한 비중 조절이 필요하다. 통상적으로 달러화와 원유 가격은 반비례한다. 달러화 강세는 원자재와 러시아나 브라질 같은 자원부국 펀드에 부정적인 영향을 미칠 수밖에 없다. 자원부국들은 원자재 가격과 자국 통화가치의 하락이라는 두 가지 악재를 동시에 맞을 수 있기 때문이다. 이와 반대로 원자재 가격의 강세로 인해 소외되었던 중국, 인도 같은 원자재 소비국에 다시 관심을 기울일 필요가 있다.

▶ 국내펀드의 수출주에 주목하자

국내펀드는 수출주가 원화 약세의 수혜를 받을 수 있으므로 주목할 필요가 있다. 하지만 사실상 국내펀드의 대부분이 환헤지 상품임을 감안해야 한다.

▶ 역외펀드로 환차익을 노리자

역외펀드는 피델리티나 메릴린티 같은 해외 운용사가 외국의 면세지역 등에서 만들어 국내에 달러나 유로화 등 해당 국가의 통화로 투자하는 펀드를 말한다. 따라서 환헤지 여부에 따라 수익의 차이가 크다. 원달러 환율이 오르면 펀드의 수익도 '환차익'만큼 발생한다.

　복잡하고 다양한 경제변수 앞에서 투자이익이 절대 보장되는 '캐시

카우Cash-cow'란 있을 수 없다. 소 잃고 외양간 고치지 말고 기존의 보유 펀드 전반에 대한 '달러화 강세' 변수를 꼼꼼히 따져봐야 한다.

Action Plan 환율 상승기에 해외펀드(역외펀드, Off-Shore Fund)를 환헤지 걸면 낭패를 볼 수 있다?

₩ 요즘 글로벌 경제위기로 주식시장이 폭락하고 원달러 환율은 상승했다. 환헤지를 걸면 펀드의 손실 때문에 울고 환율 상승으로 울지도 모른다. 만약 환헤지를 하지 않은 해외펀드라면 원달러 환율의 상승으로 환차익을 볼 수 있으므로 주식시장이 하락하더라도 환차익 덕분에 손실이 줄어든다. 하지만 환헤지를 하면 환헤지용 선물환 계약이 1년이어서 낭패를 볼 가능성이 있다. 환헤지할 수 있는 해외펀드에 가입할 때는 환율 추이를 보고 환율이 꼭지라는 확신이 서지 않으면 환헤지 없이 투자해야 한다.

예)
▶ 해외펀드에 1만 달러 투자
▶ 1만 달러에 대해 1달러당 1,000원에 선물환 매도 계약 체결
▶ 이후 정산 시점에서 펀드 수익률 -60%이고 현물 환율이 1,700원일 경우에 계좌 평가금액은 얼마일까

[환손익]
▶ 선물환 매도 청산 시 손익: -700만 원 = 1만달러 × (1,000원 - 1,700원)
▶ 역외펀드 청산 시 손익: +280만 원 = 4,000 달러 × (1,700원 - 1,000원)
▶ 합계: - 420만 원

[주식투자손익]
▶ 1,000만 원 × -60% = -600만 원

평가금액이 1,000만 원 - 420만 원 - 600만 원 = -20만 원이다. 다시 선물환 계약을 연장하지 않으면 펀드는 깡통이 되고 오히려 20만 원을 더 물어내야 하는 상황이 올지도 모른다.

* 국내 운용사가 운용하는 해외펀드(역내펀드, On-shore Fund)는 대부분 환헤지를 하고 투자하기 때문에 이런 걱정이 필요 없다.

주식 하락기, 마이너스난 적립식 펀드 어디로 갈까?

21

▶▶▶ 지난 2005년부터 시작된 적립식 투자 열풍은 우리나라의 투자 문화를 바꾸어놓을 만큼 강력했다. 심지어 적립식 펀드에 가입하지 않으면 시대에 뒤떨어진 사람 취급을 받기도 했다. 그러나 지나온 역사를 살펴보면 알 수 있듯이 그 어떤 좋은 것도 '영원한 영광'을 누리지 못한다. 결국 영광의 시대는 언젠가 막을 내리게 마련이라는 말이다. 적립식 펀드도 예외는 아니다. 2008년 1월 말부터 꾸준히 가입자 수가 감소하고 있는 추세다.

매달 꼬박꼬박 투자하는 적립식 펀드는 경기가 침체되고 주가가 하락할수록 우려의 목소리가 더욱 높아진다. 그렇다면 이쯤에서 적립식 펀드의 중간 점검에 들어가 보는 것도 좋다.

▶ **주식 하락기 적립식 펀드, 장기투자가 답이다**

가장 좋은 투자는 결국 돈을 버는 것이다. 그것도 최소의 투자로 최대의 효과를 얻으면 금상첨화다. 하지만 투자로 돈을 벌기가 쉽지 않고, 주가가 상승할지 하락할지 예측하기도 힘들다. 그래서 장기투자를 해야 하는 것이다.

장기투자를 하면 '인플레이션+경제성장률+α'를 얻을 수 있다. 단기적인 자산가치의 하락은 있어도 장기적으로 투자하면 반드시 성공한다는 뜻이다. 경제 상황에 대해 이도 저도 모른다면 눈 질끈 감고 그냥 묻어두는 것이 현명하다.

▶ 경기침체에 따른 펀드런은 결국 손해만 안겨줄 뿐이다

최근 국제 경제 상황은 미국의 침체와 중국, 인도 등 신흥 국가의 성장으로 이야기할 수 있다. 하지만 중국이나 인도 같은 신흥 국가가 아무리 성장해도 세계 경제의 30% 정도를 차지하는 미국 경기가 급격히 침체하면 세계 경제는 동반 하락하게 된다. 우리나라도 이러한 영향을 피해 갈 수 없다.

경제 전문가들은 이 위기가 적어도 1년 이상 가리라고 전망하며, 국내 경제가 회복기에 접어들기까지 3~5년을 내다보고 있다. 더욱 문제가 되는 것은 원금 손실에 따른 펀드 대량 환매, 즉 펀드런이다. 펀드런 사태가 발생하면 결국 환매에 동참하는 투자자들은 크게 손해를 볼 수밖에 없다.

▶ 적립식 펀드는 주식 하락기에 상대적으로 유리하다

적립식 펀드 가입자는 현재와 같은 하락장일수록 매달 꾸준히 투자해야 한다. 평균 매입 단가가 낮아지는 코스트 애버리징 효과를 얻을 수 있기 때문이다. 예컨대 기준가가 1,000원인 펀드에 매달 100만 원을 투자한다고 하자. 주가가 하락해 기준가가 930원일 때 100만 원 불입, 그리고 기준가가 900원일 때 100만 원을 불입하면 보유좌수는 3,186좌이고 평균단가는 941원이다. 이후 기준가가 941원만 초과하면 수익이 발생하는 효과를 보게 된다. 거치식으로 기준가 1,000원에서 300만 원을 투자했을 때보다 훨씬 유리하다.

▶ 단기 악재는 장기적인 관점에서 좋은 매수 기회다

단기 악재란 증시에 영향을 줄 만한 사건 사고를 의미한다. 어느 기업이 부도가 난다거나 리먼브라더스 파산, 블랙먼데이 같은 단기적인 외부 변수들이 시장에 충격을 주는 경우가 좋은 예다.

　장기투자자 입장에서 단기 폭락은 목표수익에 큰 영향을 미치지 않는다. 그들은 일정 시간이 지나면 주가가 원래 상태로 돌아온다는 것을 안다. 때문에 장기적으로 꾸준히 투자하고자 하는 투자자에게 단기 악재에 따른 주가 하락은 오히려 저가로 매수할 좋은 기회가 된다. 동일한 상황을 위기로 느끼느냐 기회로 느끼느냐는 결국 태도에 달렸다.

▶ 장기 악재는 근본적인 투자 포트폴리오 변화의 기회다

장기 불황의 전조가 보이거나 개별회사가 아닌 시장위험 또는 국가 부도 위기의 전조 등이 나타날 경우에는 투자 포트폴리오의 근본적인 변

화가 필요하다. 즉, 위험자산을 안전자산으로 바꾸는 작업을 신속하게 시행해야 한다는 말이다. 이때는 과감한 손절매가 오히려 수익을 보호하는 데 도움이 된다. 이러한 시장 환경에서는 성급한 단기매매차익을 기대하기보다 충분히 바닥까지 주가가 빠진 것을 확인하고 나서 다시 투자에 임해야 한다.

물론 주가의 바닥을 확인하기는 쉽지 않다. 하지만 일반 개인들이 더 이상 주식시장에 관심이 없는 시기가 되면 주가가 거의 바닥까지 이르렀다고 판단할 수 있다. 손절매를 해야 하는 이유는 새로운 투자기회를 위한 종자돈을 확보한다는 측면에서도 의미가 있다.

Action Plan 포트폴리오 조정만이 장기투자를 가능하게 한다

장기투자의 비법은 바로 '포트폴리오 조정'이다. 한번 구성한 포트폴리오를 영원히 유지해야 하는 것은 아니다. 오히려 상황에 맞게 포트폴리오를 조정해야 자산도 지키고 더 많은 수익을 얻을 수 있다.

펀드는 중장기 상품인만큼 6개월에 한 번씩 투자 비중을 조정할 필요가 있다. 적립식 펀드에 가입한 사람이라도 매월 불입하는 적립금을 1년에 한 차례 정도 시장 상황과 전망에 따라 3분의 1씩 조정하는 편이 바람직하다. 변액유니버설보험도 마찬가지다.

펀드투자, 수수료가 아깝다

22

▶▶▶ 펀드에 투자하는 사람이라면 한 번쯤 '이거 배보다 배꼽이 더 큰 거 아냐?' 하며 투자비용에 대해 마뜩찮은 감정을 가진 적이 있을 것이다. 가뜩이나 수익이 나지 않아 속이 타들어 가는데 보수비다 수수료다 하며 이것저것 떼는 것이 많으니 말이다. 투자자들의 불만이 높아져서인지 각 은행들은 투자자 유치를 위해 판매보수를 조금씩 인하하고 있다. 게다가 기존 펀드들에 비해 비용이 매우 저렴한 온라인 전용 펀드도 선보이고 있다.

펀드투자에 왜 비용이 들지?

펀드는 투자에 대한 전문 지식과 능력을 갖춘 전문가들이 운용하는 상품이다. 따라서 전문가들은 투자 대상 기업을 분석하고 시장의 여러 가지 정보를 수집해 펀드의 수익 극대화를 위해 노력한다.

　한편 증권회사나 은행 등은 투자자의 편의를 위해 투자자가 쉽게 방문할 수 있도록 각 지역에 영업점을 개설한다. 그리고 펀드에 대해 조언할 수 있는 전문가인 FP 등을 고용해 고객에게 조언을 해준다. 펀드의 가입과 환매, 자금이체 같은 업무를 담당하는 직원들도 고용한다.

　이런 모든 행동은 경제 이익을 목적으로 한다. 따라서 투자자는 거래의 편의와 조언, 수익률 제고를 위한 운용행위를 이용하는 대가로 돈을 지불하게 된다. 일련의 모든 서비스에 대한 대가가 바로 펀드 투자 비용이다.

총보수란?

펀드 투자 비용에는 크게 펀드 관련 총보수와 환매수수료가 있다. 총보수는 펀드를 운용하는 운용사에 지급하는 운용수수료^{위탁회사 보수}, 펀드를 판매하는 은행이나 증권사에 지급하는 판매수수료^{판매회사 보수}, 펀드의 자산을 맡아 보관 업무를 담당하는 은행에 지급하는 수탁수수료^{수탁회사 보수} 등으로 구성된다.

　뮤추얼펀드의 경우에는 수탁수수료 대신에 펀드와 관련된 일반사무를 담당하는 회사에 지급하는 사무수탁수수료, 자산보관회사에 지급하는 보관수수료, 기타 임원보수 등이 추가된다. 이외에 펀드 운용사가 자문을 받을 경우 자문사에 내는 자문수수료도 있다.

펀드의 비용이 높으면 손해인가?

펀드의 비용은 일정 범위 내에서 자율적으로 결정하므로 같은 유형의 펀드라도 총보수와 수수료가 달라질 수 있다. 그러나 일반적으로 많은 운용회사, 판매회사들이 경쟁에서 살아남기 위해 함부로 수수료를 올리지 않고 있으므로 비교해보아도 큰 차이는 없다. 일반투자자는 펀드의 비용에 너무 민감할 필요가 없어 보인다. 다만 MMF나 채권형 펀드 같이 펀드 간 수익률 격차가 적고 저금리 자산이 주로 편입되는 경우에는 수수료가 수익률에 미치는 영향이 크므로 수수료를 확인해보는 것이 좋다. 물론 펀드 선택 시 수수료보다 우선해야 할 것은 운용회사의 운용성과와 위험 관리 능력, 판매회사의 편리성, 신뢰도 등이다.

환매수수료란?

환매수수료는 펀드에 가입한 후에 정해진 기간보다 일찍 투자금을 찾아가는 경우에 부과되는 일종의 벌금이다. 펀드는 적정한 투자기간을 고려하면서 운용하는데 예상치 않게 중도에 투자금액의 일부가 빠져나가면 펀드 내 유가증권을 급히 처분해야 한다. 이때 펀드에 손실이 발생하는 경우가 있기 때문에 환매하는 투자자에게 환매수수료를 부과하고, 이를 다시 펀드에 편입한다. 말하자면 환매수수료는 운용회사나 판매회사가 아니라 중도에 환매하지 않은 투자자들에게 귀속된다.

환매수수료는 펀드마다 다르게 적용되므로 펀드 가입 시 약관이나 투자설명서를 통해 반드시 확인해야 한다. 환매수수료는 기간에 따라 다르다. 일반적으로 30일, 60일, 90일, 180일, 1년, 2년, 3년의 구간이며 이익금의 범위 내에서 일정 비율을 부과한다. 이익금이 없는 경우에는 환매기간 이전에 환매하더라도 환매수수료가 없다.

환매수수료 부과기간과 펀드의 투자기간은?

채권형 펀드는 보통 환매수수료를 부과하는 기간에 따라 단기, 중기, 장기로 구분한다. 단기채권형 펀드는 최초 펀드에 가입한 이후 90일 이내에 환매하면 환매수수료를 부과하는 펀드를 말한다. 중기채권형 펀드는 180일, 장기채권형 펀드는 1년을 기준으로 한다. 그러나 환매기간이 반드시 적정 투자기간과 일치한다고는 말할 수 없다. 최근 설정되는 펀드 중에 추천 투자기간은 1년 이상이지만 환매수수료 부과 기간은 180일 이하로 정해두는 경우도 있다.

총보수를 절약해주는 상품을 찾아라

▶ 판매보수 아깝다! 인터넷 전용 펀드로

최근에는 펀드 투자 비용, 특히 판매보수에 민감한 투자자들 사이에서 인터넷 전용 펀드가 주목을 받고 있다. 펀드 가입과 관련해 판매사의 역할이 적은 인터넷 전용 펀드는 판매보수가 절반 정도로 낮아 총보수가 저렴한 장점이 있다. 하지만 출시되어 있는 상품의 수가 적고 펀드 선택 시 구체적인 상담을 받지 못하는 단점이 있다.

▶ 소극적 운용으로 보수가 절감되는 인덱스펀드

펀드 투자 비용은 운용의 적극성 여부가 결정한다고 해도 과언이 아니다. 지수보다 높은 수익을 목표로 적극 운용하는 성장형 펀드는 별도의 리서치 조직이 필요하고 *포트폴리오 리밸런싱 등을 통해 매매회전율

도 높아지므로 운용비용이 커질 수밖에 없다. **＊포트폴리오 리밸런싱** 포트폴리오에 신규
종목을 편입하거나 기존 종목을 편출하는 작업.
이에 비해 지수 수익률을 목표로 소극적인 운

용을 하는 인덱스펀드는 상대적으로 운용비용이 저렴하다. 따라서 인

덱스펀드의 경우 성장형 펀드에 비해 운용보수가 낮아 총보수가 저렴

해지는 효과가 있다.

▶장기투자, 수수료 인하 펀드에 주목하라

2008년 연말부터 장기투자 시 수수료가 떨어지는 펀드가 다수 출시될

것으로 보인다. 또 불필요한 펀드 판매 서비스는 받지 않고 수수료도 그

만큼 적게 내는 차등화 수수료제가 2009년 1월 신설된다.

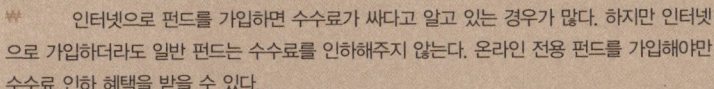

Action Plan 인터넷으로 펀드에 가입한다고
무조건 수수료를 인하해주는 것은 아니다

₩　　인터넷으로 펀드를 가입하면 수수료가 싸다고 알고 있는 경우가 많다. 하지만 인터넷
으로 가입하더라도 일반 펀드는 수수료를 인하해주지 않는다. 온라인 전용 펀드를 가입해야만
수수료 인하 혜택을 받을 수 있다.
증권사의 온라인 펀드몰에서 온라인 전용 펀드에 가입하면 증권사나 은행에 직접 가서 가입하
는 것보다 수수료가 0.3% 정도 저렴하다. 하지만 아직 온라인 전용 상품은 이용자가 적다 보
니 같은 상품명의 일반 상품보다 설정액이 적고 수익률도 수수료 인하분인 0.3% 이상으로 좋
지 않다. 수수료를 아끼다가 그보다 큰 수익률을 놓칠 수 있으니 되도록 설정액이 크고 우수한
일반 상품에 가입하는 편이 낫다.
만약 온라인 펀드에 가입한다면 설정액과 수익률 등이 일반 상품과 비교해 수수료 이상으로 우
수하다고 판단될 때라야만 한다.

하락장에서 돈 벌어다 주는 펀드가 있다

▶▶▶ 주가가 연일 하락세를 띠면 투자자들은 말 그대로 '뜨거운 감자'를 입에 물고 있는 심정이다. 삼키자니 크게 데일 수 있겠고, 뱉자니 아깝기 그지없다. 더군다나 '엎친 데 덮친' 격으로 수수료까지 꼬박꼬박 떼어 간다.

펀드를 고를 때 가장 신경 써야 할 부분은 당연히 기대수익률이다. 하지만 하락장이 거듭될 때는 소소하게 나가는 주머닛돈도 신경을 써야 한다. 즉, 펀드를 유지하는 데 드는 수수료 등의 비용도 고려해 펀드를 선택해야 한다는 말이다.

하락장에서 더욱 빛을 발하는 '수수료도 싸고 수익률도 괜찮은' 이색 펀드를 찾아보자.

인덱스펀드와 리버스인덱스펀드를 내 맘대로, 엄브렐러펀드

펀드에 투자하는 사람이라면 누구나 아는 진리가 있다. 주가가 상승할 때는 플러스 수익을 낼 수 있으나 하락할 때는 마이너스 수익을 피하기 힘들다는 것이다. 하지만 대세가 하락하는데도 수익을 올리는 펀드가 있다. 바로 리버스인덱스로 대표되는 펀드들이다.

리버스인덱스펀드는 주가지수 선물 및 옵션 거래를 통해 주가가 떨어질수록 수익을 올리는 펀드다. 단, 주가가 상승할 때 손실이 난다는 단점이 있다. 그래서 리버스인덱스펀드는 단일로 판매되지 않는다. 하락장에서야 당연히 좋겠지만 다시 상승세를 탔을 때 손해를 보게 된다면 누가 반기겠는가.

리버스인덱스펀드는 주로 주가가 상승할 때 이익을 낼 수 있는 인덱스펀드와 한데 묶은 엄브렐러펀드의 형태로 판매된다. 엄브렐러펀드에 가입한 후 증시 상황에 따라 인덱스펀드와 리버스인덱스펀드를 수수료 없이 자유롭게 갈아타며 수익을 내는 것이다. 또한 펀드편입비율을 투자자 마음대로 나눌 수 있어 언제든지 비율 배분이 가능하다.

▶ 리버스인덱스펀드는 반드시 일시적인 보완용으로 활용하라

이렇게 좋은 리버스인덱스펀드라도 주의할 점이 있다. 주식시장이 하락할 때를 대비해 많은 자금을 리버스인덱스에 투자했다가 예상과 달리 증시가 상승하면 투자했던 리버스인덱스펀드 손실과 기회수익률까지 더블 리스크가 발생하기 때문이다. 따라서 리버스인덱스펀드는 장기적으로 투자하기보다 조정장에서 일시적인 도피용으로 사용하는 것이 바람직하다.

원금 보장과 최저 만기수익률을 내 맘대로, 구조화 펀드

구조화 펀드란 투자자의 요구에 맞춰 실물주식(공매 포함), 상장지수펀드ETF, 선물 및 옵션 거래 등을 유연하게 조합해 돈을 굴리는 상품이다. 구조화 펀드의 가장 큰 특징은 원금의 일정 비율을 보존하면서 투자자가 원하는 수익률을 보장한다는 데 있다.

예컨대 1,000만 원을 2년 만기 구조화 펀드에 투자하면서 원금 80% 보장과 최저 만기수익률 20%를 금융회사와 약정할 수 있다. 만약 시장이 호황이 되어 만기수익률이 20%를 넘으면 그 차액은 금융회사와 나눠 가지면 된다. 예를 들어 만기수익이 30%일 때 초과수익 10%를 5대 5로 나누어 갖기로 약정했다면 투자자는 25%를 수익으로 받을 수 있다. 반대로 만기수익률이 이에 못 미치면 해당 금융회사가 약정한 수익률만큼을 물어준다. 단, 원금 보장과 최저 만기수익률 등 모든 조건은 투자자와 금융회사가 사전에 약속한다. 투자자가 원금을 100% 보장받기를 원하면 만기수익률이 그만큼 낮게 약정된다.

투자위험을 낮추려면 기대수익의 눈높이도 낮춰야 한다. 하지만 하락장에서는 원금을 보장받으면서 어느 정도 수익을 기대할 수 있다는 점이 충분한 매력으로 작용한다. 미국에서는 대체로 연평균 10% 선의 수익을 추구한다. 그러나 구조화 펀드는 운용수수료가 비싸다는 단점이 있다. 원금을 보장하기 위해서 펀드매니저의 각별한 노력이 필요하기 때문이다.

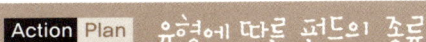

Action **Plan** 유형에 따른 펀드의 종류

₩ 　지피지기면 백전백승! 유형에 따른 펀드의 종류를 알아두자. 펀드는 그 종류를 잘 아는 것만으로도 성공 확률이 절반 이상이다. 펀드투자를 고려한다면 미리 펀드의 종류를 잘 알아보고 경기 상황과 위험도에 따라 적절한 상품에 분산투자해야 한다.

유형	종류	특징
주식형	성장형 펀드	주식에 투자하는 비율이 70% 이상으로, 주가가 상승할 확률이 큰 기업에 투자
	가치형 펀드	내재가치에 비해 주가가 저평가된 기업에 투자
	배당주 펀드	수익성과가 높고 배당금을 많이 주는 기업에 투자
	섹터 펀드	특정 업종에 중점적으로 투자
	인덱스펀드	시장의 장기적인 성장 추세를 전제로 추종지수인 KOSPI, KOSPI200 등에 연동되어 초과수익이 가능하도록 투자
	해외펀드	해외 기업에 투자
채권형	MMF	단기금융상품에 투자
	국공채 펀드	국가, 지방자치단체 등이 발행하는 채권에 투자
	회사채 펀드	신용등급이 높은 기업의 채권에 투자
	하이일드 펀드	신용평가등급이 낮은 대신 수익률이 높은 고수익 채권과 기업어음에 투자
혼합형	채권혼합형 펀드, 주식혼합형 펀드	
ELS	ELS(주가지수연계증권), ELF(주가지수연계펀드)	

주식 하락기의 주식·펀드 투자

내 돈을 지켜라!

환매수수료 무서워
타이밍을 놓치지 마라

주식
편드

24

▶▶▶ 투자를 처음 시작하는 사람들의 대부분이 장기투자를 다짐한다. 투자의 고수라는 이들이 모두 한결같이 '장기투자'를 성공 비법으로 들기 때문이다. 하지만 주가가 연일 하락하면 '매매는 타이밍이다. 지금 내가 어리석은 짓을 하는 게 아닌가' 하는 의심이 들기 시작하고, 급기야 "지금 당장이라도 환매를 해야 해!"라며 주먹을 불끈 쥔다. 이때 우리 뒷덜미를 잡는 것이 있으니 바로 '환매수수료'다.

환매수수료 기간에 대한 오해

펀드투자에 환매수수료 구간이 있다는 점은 널리 알려진 사실이다. 환매수수료를 부과하는 이유는 투자자들이 너무 단기간에 환매하면 자금을 운용하는 입장에서 언제 투자자금이 인출될지 예상하기 어려워 투자의 안정성이 떨어지기 때문이다. 이를 방지하기 위해 보통 투자 후 90일 이내에 환매하면 이익금의 70%를 수수료로 부과한다.

▶ 환매수수료 구간, 이익이 나지 않으면 다시 생각하라

우선 환매수수료 구간**보통 90일**이 경과하지 않은 시점에서 손실이 나고 있다면 환매하더라도 이익이 없기 때문에 환매수수료에 대한 부담이 전혀 없다. 또한 환매수수료 구간을 의무적으로 지켜야 하는 것은 아니므로 부담을 가질 필요도 없다.

▶ 불안한 시장, 과감한 환매가 이익이다

가장 혼란스러운 경우다. 예를 들어 투자한 펀드에 일정 수익이 발생한 상황에서 환매수수료 구간이 앞으로 10일 정도 남은 경우다. 10일만 있으면 환매수수료 구간이 경과해 수수료를 한 푼도 부담하지 않고 환매할 수 있다. 그런데 시장 상황이 점점 불안해지고 있다는 판단이 서면 판단하기가 정말 어렵다. 만약 여러분이라면 어떻게 하겠는가? 정답은 "당연히 당장 환매를 해야 한다"이다. 시장 상황이 좋지 않을 것으로 판단될 때는 환매수수료를 생각하지 말고 과감히 환매하는 것이 이익을 확정 짓는 좋은 방법이다.

▶ 단기투자 가능성 있으면 선취수수료형 펀드로

원금과 투자이익을 합한 총액에 대한 수수료를 부과하는 후취형 펀드는 환매수수료 구간이 있지만, 첫 투자 시 원금에서 일정 비율의 수수료를 공제하는 선취형 펀드는 환매수수료 자체가 아예 없다. 따라서 요즘 같이 시장 상황을 좀처럼 예측하기 어렵거나 주식가격의 변화가 심할 것으로 판단될 때에는 단기투자 가능성을 고려해 애초에 선취수수료형 펀드를 선택하는 것도 현명한 대안이 될 수 있다.

▶ 장기투자도 선취수수료형 펀드로

2년 이상 중장기 투자 시에는 투자한 원금 전액을 투자하는 후취 수수료형 펀드보다 투자한 원금이 수수료만큼 줄어서 나머지 금액만을 투자하는 선취수수료형 펀드가 조금 더 유리하다.

Action Plan 펀드도 세금을 알고 가입해야 한다

₩ 펀드에 투자할 때는 수수료뿐만 아니라 세금이 얼마인지도 알아야 한다. 펀드에 부과되는 세금을 잘 알면 조금이라도 더 높은 수익을 얻을 수 있다.

상품명	내용
주식형 펀드	주식매매로 얻은 이익에 대해 비과세
CMA, MMF, 국공채 펀드	채권매매로 발생한 이익에 15.4% 과세
배당주 펀드	주식매매이익은 비과세, 배당소득은 15.4% 과세
장기주택마련펀드	7년 유지 시 비과세, 불입액의 40%, 연 300만 원 한도 소득공제
연금저축펀드	10년 유지 시 비과세, 불입액의 100%, 연 300만 원 한도 소득공제
하이일드펀드	배당소득에 6.4% 분리과세
해외펀드(역내, On-shore)	2009년 12월까지 주식매매로 얻은 이익에 대해 비과세
장기주식형 펀드	12개월간 불입한 금액 20%, 13개월 차부터 24개월 차까지 불입한 금액 10%, 25개월 차부터 36개월 차까지 불입한 금액 5%를 소득공제

펀드 수익률 마이너스에 대처하는 우리의 자세

▶▶▶ "주식이 머리 아파서 펀드로 바꿨어!"

업무도 뒷전, 밥도 먹는 둥 마는 둥 모니터 앞에만 머물러 있던 생활을 청산하고 싶어 펀드로 갈아탄 사람들이 적지 않다. 그중에는 여전히 숨 가쁜 일상을 보내는 사람들이 있다. 국내 증시, 미국 증시로도 모자라 중국 증시까지 세계 증시 투어를 마치고서야 할 일을 다 한 것 같다. 열성적인 투자자일수록 증시가 나빠지면 서둘러 환매하는 경향이 있다. 하지만 성급한 결정으로 낭패를 보지 않기 위해서는 시장 상황이나 그 펀드의 특성을 꼼꼼히 살펴보고 대처하는 것이 좋다.

꾸준함과 진득함을 잊지 말자

어느 날 우연히 펀드의 평가금액을 조회해보니 깜짝 놀랄 만큼 수익금이 불어나 있다. 하지만 이는 단지 일시적인 평가액에 지나지 않는다. 주가나 채권가격이 떨어지면 이미 통장에 찍혀 있던 금액도 달라진다. 평가액은 단지 평가액일 뿐, 중요한 것은 환매를 통해 현금으로 손에 쥐게 되는 금액임을 명심하라.

평가액이 원금을 밑돌거나 기대했던 수익에 미치지 못하는 경우도 마찬가지다. 조급한 마음으로 환매하면 그 순간 손실이 확정되어버린다. 그리고 영영 수익을 낼 기회를 잃게 된다. 반대로 진득하니 오르기를 기다리면 다시 오른 만큼 수익은 내 것이 되어 돌아온다.

펀드는 매일매일 금리 변동이나 주가 변동에 따라 원리금 총액이 바뀐다. 투자를 통해 은행보다 높은 수익을 맛볼 수 있는 것은 매일매일 가격이 오르고 내리면서 추가 수익의 기회를 주기 때문이다. 주가나 금리가 계속 오르기만 하거나 내리기만 하는 경우는 거의 없다. 따라서 투자수익은 기다릴 줄 아는 사람만이 누리는 특권이기도 하다.

주식형 펀드일수록 장기적인 안목이 필요하다

*주식형 펀드에 투자한 경우에는 증시 변동에 따라 손실이 나기도 하고 큰 수익이 생기기도 한다. 손해가 나면 당장이라도 '내 돈'을 찾아야 할 것같이 조급해지고, 이익이 생기면 급전이라도 빌려 더 투자하고 싶은 것이 사람의 마음이다. 하지만 모든 투자는 심리와 반대로 가야 성공할 확률이 크다. 다시 말해 주가가 하락하고 원금에 손실이 난 경우야말로 장기적 관점의 투자를 시작해야 할 시점이다. 많은 수익이 난 경우라면 수익을 실현하고 한 걸음 물러설 줄 알아야 할 시점인 것이다.

*주식형 펀드 주가 상승에 따른 자본이득을 얻기 위해 주식 및 주식 관련 파생상품에 60% 이상 투자해 위험을 감수하며 고수익을 추구하는 펀드이다.

실제로 최근 3년 이상 장기로 펀드에 투자한 경우에 평균적으로 높은 수익을 실현했다. 이렇게 주식형 펀드는 하루하루의 가격 변동에 크게 좌우되지 않고 장기적으로 오래 투자하는 것이 좋다. 오르고 내림을 반복하는 증시에 대해 느긋한 마음으로 기다리면 수익의 기회가 오고, 그때 환매와 현금화 여부를 결정하면 된다.

환매를 고려해야 하는 경우가 있다

기본적으로 펀드는 증시의 등락과 채권가격의 등락을 이용해 수익을 내도록 만들어져 있다. 그래서 일시적인 수익률의 등락은 있을 수 있다. 5~6개월 정도 지났는데도 기대수익에 현저히 미치지 못하면 운용전략에 문제가 있는 경우가 많다. 따라서 가지고 있는 상품을 환매하고 다른 상품을 고르는 것이 좋다. 하지만 처음 펀드 구성을 하는 기간이거나 투자기간이 아주 짧은 경우에는 좀더 기다려보자.

주식형 펀드와 채권형 펀드의 관리방법을 살펴보자.

▶ 주식형 펀드 관리방법

'장기투자'는 '안 되는' 주식형 펀드를 쥐고 진득하니 기다리라는 말이 아니다. 장기투자의 전제 조건은 '우량주'다. 투자자들이 계속 빠져나가는 상품이라면 운용이 제대로 안 될 수도 있으므로 따로 신경을 써야 한다. 특히 펀드의 장점인 우량주 투자와 포트폴리오가 제대로 구성이 안 될 정도로 자금이 빠져나가면 환매를 하는 것이 바람직하다.

▶ 채권형 펀드 관리방법

채권형 펀드는 금리가 오를 때 이자가 아주 적거나 원금의 일시 손실이 발생할 수 있다. 하지만 이런 결과는 시장의 일시적인 충격에서 오는 경우가 많다. 대개의 상품들은 조금 기다리면 반복되는 금리 변동 사이클로 다시 수익이 회복된다.

금리가 장기적으로 상승 국면인 경우에 투자기간보다 만기가 긴 채권형 상품의 투자는 피하는 것이 좋다. 또한 주식형 상품 투자와 마찬가지로 펀드의 규모가 축소되는 경우나 운용성과의 순위 등락이 심한 경우에는 회복기를 주시하다가 원금 회복이 가시화된 시점에 과감히 환매하고 다른 상품으로 전환하는 것을 고려해야 한다.

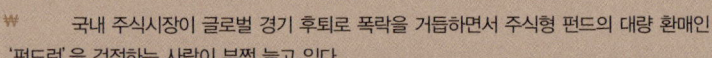

Action Plan 주식시장, 펀드런을 걱정하기보다 경기 추이를 봐야 한다

₩   국내 주식시장이 글로벌 경기 후퇴로 폭락을 거듭하면서 주식형 펀드의 대량 환매인 '펀드런'을 걱정하는 사람이 부쩍 늘고 있다.
펀드투자는 일정 부분 기간을 두고 장기투자하는 것이다. 그런데 일반투자자들이 은행이나 증권사에 펀드를 환매하려 줄지어 서 있는 펀드런이 발생한다는 것은 그동안 국내 주식시장의 지수를 버텨준 버팀목이 사라진다는 의미다. 이는 주식시장의 대폭락을 피할 수 없게 만든다. 경기 사이클은 순환하고 경기가 언제까지 하강만 하는 것은 아니다. 경기가 언제 회복될지는 아무도 모른다. 확실한 것은 언젠가 회복된다는 사실이다. 이때 주식시장은 기업실적에 따라 경기보다 6개월 선행해 그동안의 손실을 회복할 것이다. 경기 하강기에 투자한 펀드는 수익률이라는 달콤한 열매를 맛볼 수 있다. 따라서 펀드런을 걱정하기보다 경기 추이를 보면서 '위기는 곧 기회'라고 탐욕을 부려보아야 한다.

경기침체기, 돈을 불려주는 '죄악의 주식'

▶▶▶ 경기가 바닥을 쳐도 호황을 누리는 업종은 반드시 있다. 맘 놓고 돈도 못 쓰고 일도 제대로 풀리지 않을 때 타들어 가는 속을 달래줄 술과 담배 등이 그것이다. 이는 굳이 조사자료를 들먹이지 않아도 누구나 고개를 끄덕일 말이다.

실제로 경제가 불황일 때마다 소주나 맥주 같은 상대적으로 저렴한 술의 소비와 담배의 매출이 늘었다. 위기를 쉽게 돌파하고자 하는 한탕 심리까지 가세하면서 도박 같은 사행성 사업도 발달하게 된다.

술, 담배, 무기, 도박 등 사회에 악영향을 미치는 기업들의 주식을 보통 '죄악의 주식Sin Stocks'이라고 한다. 기업 자체가 반사회적이거나 불법적인 행동을 한다는 뜻은 아니다.

'사악한 펀드'의 탄생

2002년 8월 미국에서는 '사악한 펀드Vice Fund'라는 이름의 펀드가 탄생했다. 이름에서도 알 수 있듯이 이 펀드는 위에서 말한 '죄악의 주식'

들만 집중적으로 편입한 펀드다.

처음에는 이를 비판하는 기사가 연일 쏟아져 나왔고, 투자자들 역시 '양심'을 따르며 이들을 외면했다. 그런데 갈수록 사악한 펀드의 수익률이 높아지자 상황은 달라졌다. 수익률이 평균으로 따질 때, 주식시장의 주가 상승률보다 2% 정도 높게 나오자 투자자들이 몰리기 시작했다.

인간의 가장 말초적인 본능을 충족시켜 주는 술이나 담배 산업이 쉽게 망하지 않을 거란 예상은 어찌 보면 상식이다. 무기 역시 인류의 역사에서 전쟁이란 단어가 사라지지 않는 한 고수익을 올리는 산업이다. 게다가 이들은 불경기일수록 호황을 누리는 산업인데다 규제의 장벽이 높기 때문에 쉽사리 경쟁업체가 생기지도 않는, 그야말로 안정적인 산업이다. 덕분에 이들 주식은 지속적으로 상승이 가능했다.

세계적인 투자가들도 '죄악의 주식'에 몰린다

미국에서 장기투자 수익률이 가장 좋은 종목은 바로 '사악한 기업'의 주식이다. 특히 알트리아옛 필립모리스는 1957년 상장된 이후 50년 동안 연평균 19.7%씩 상승해 누적수익률이 무려 82만%에 달한다.

세계적인 투자 고수들이 이런 좋은 투자처를 놓칠 리 없다. 경제의 달인이라고 불리는 벤 버냉키 연방준비제도이사회FRB 의장은 이 종목 하나만 고집했을 정도다. 주식투자의 달인이라고 하는 워렌 버핏은 버드와이저 맥주를 만드는 '앤호이저부시'의 5대 주주 중 하나이며, 전설적인 펀드매니저 피터 린치 또한 죄악의 기업들을 '경기방어산업'이라고 칭하며 즐겨 투자했다.

▶ 한국판 죄악의 주식

증권사에서 추천하는 한국판 죄악의 주식에는 KT&G, 강원랜드, 하이
트맥주, 엔씨소프트 등이 있다. 앞서 말했듯이 이 기업들이 사회적 책임
을 다하지 않는다거나 반사회적 기업행위를 한다는 의미는 전혀 아니
다. 단지 업종만으로 추려낸 것이다.

실제로 2007년 이들 종목의 평균수익률은 49.6%로 같은 기간 코스피
지수 상승률 27.4%보다 2배 가까이 높았고, SRI 펀드들이 올린 22~32%
의 수익률을 웃돌았다.

'죄악의 주식'에 반대한다, SRI

SRI Socially Responsible Investment, 즉 사회책임투자 펀드는 말 그대로 사
회적인 책임을 다하는 기업에 투자하는 펀드를 말한다. 이 펀드는 1920
년대 미국에서 "죄악의 주식에는 투자하지 않겠다"는 캠페인에서 출발
했다고 한다.

SRI 펀드는 수익성뿐만 아니라 친환경경영, 사회공헌사업, 윤리경영
과 법규준수, 인적자원개발 등에 적극적인 기업들을 선정해 투자하고
있다. 우리나라에서는 2005년에 일명 '착한 펀드'라는 이름으로 처음
소개되었다. 투자대상도 친환경 기업과 사회공헌도가 높은 기업 등이
중심을 이룬다.

우리나라의 사회책임투자 펀드는 지난 1년간 수익률이 52%를 기록했다. 평균 44%의 수익률을 낸 국내 주식형 펀드보다 훨씬 좋은 성적이다. 현재 국내에서 운용되는 사회책임투자 펀드는 모두 16개로, 수익률이 평균 40%를 웃돌 정도로 양호하다.

'악'이 있기에 '선'은 더욱 빛난다. 그래서 경기가 호황이든 불황이든 사회규범을 잘 지키는 '착한 기업'은 사람들에게 영원히 환영받을 수밖에 없다.

Action Plan 이제는 와트컴에 눈을 돌려야 한다

ʷ   전 세계적으로 와트컴(watt.com)이 주목을 받고 있다. 와트가 전력단위의 와트에서 비롯된 것이므로 와트컴은 대체에너지기업으로 보면 된다.
2007년 전 세계 대체에너지 분야에 투자된 금액은 1,000억 달러 이상이고 상장기업 시가총액도 1,000억 달러를 넘고 있다. 제44대 미국 대통령 당선자인 오바마는 2025년까지 전기 생산의 25%를 재생에너지로 충당하고, 150억 달러 이상의 예산을 대체에너지 분야에 투자하겠다고 공약한 바 있다. 이처럼 전 세계는 바야흐로 지구온난화와 한정된 석유자원으로 인해 와트컴 버블을 겪게 될 것이다. 우리나라도 예외가 아니다. 하지만 와트컴은 초기 연구비용이 많이 드는데다 상용화까지 과정이 상당히 긴 장기산업이어서 장기투자로 접근해야 한다. 와트컴에 투자할 때는 최소 3년에서 10년을 보고 장기투자해야 하는 것이다.

다음은 우리나라의 대표적인 와트컴 기업과 대체에너지 펀드이다.
와트컴 기업 : 소디프신소재, 유니슨, 동국산업
대체에너지펀드 : 삼성글로벌대체에너지주식투자, 미래맵스글로벌대체에너지주식투자

내 돈을 지켜라!

위험을 줄이는
적립식 펀드 고르는 요령

주식
펀드

27

▶▶▶ 2008년 한 해를 가장 뜨겁게 달군 키워드를 꼽으라고 한다면 '집단지성'이란 말이 단연코 열 손가락 안에 들 것이다. 미국산 쇠고기 수입과 관련해 인터넷을 중심으로 자유롭게 의견을 교환하고 토론하다가 촛불집회로까지 확산되자 이를 두고 많은 언론매체와 학자들이 집단지성의 한 사례로 언급했다.

이는 원래 미국의 곤충학자 윌리엄 모턴 휠러가 개미에 대해 연구하면서 만들어낸 용어다. 개미 하나하나는 비록 미미한 존재이지만 그들이 모여 높은 지능체계와 조직을 운영하는 것을 집단지성이라는 말로 설명했다. 이러한 이론이 사회과학에 도입되어 집단은 집단 내부의 가장 우수한 개체보다 훨씬 지능적이라는 명제로 굳어지게 되었다.

투자에 관한 이야기는 하지 않고 갑자기 집단지성같은 어려운 말부터 꺼내는 이유는 개인투자자가 제아무리 노력하더라도 기관투자가를 능가하지 못한다는 말이 근거 없는 속설이 아니라는 것을 보여주기 위해서다.

주식 | 하락기의 주식·펀드 투자

제아무리 똑똑해도 개인이 집단을 능가할 수는 없다

세계 3대 펀드 운용회사 중 하나인 피델리티 펀드의 창립자 에드워드 존슨은 향후에 대부분의 투자자들이 자신의 돈을 공동 출자해 전문가에게 맡김으로써 더 나은 서비스와 수익률을 얻게 될 것이라고 주장했다. 그가 조심스럽게 말을 에둘러 하기는 했지만 짐작컨대 개인투자자가 아무리 똑똑해도 기관투자가 앞에 무릎을 꿇을 수밖에 없다는 말을 하고 싶었을 것이다.

현실을 살펴보아도 틀린 말은 아니다. 개인투자자가 단기간에 좋은 수익률을 올릴 수도 있지만, 장기적으로 정보력이 뒤떨어질 수밖에 없고, 그나마도 획득한 정보를 분석하고 투자를 결정하는 데 한계를 드러내게 된다. 또한 자기 돈을 직접 투자할 경우에는 주관적 판단과 욕심이 앞서 합리적인 결정을 내리지 못한 채 엉뚱한 곳에 투자하는 일이 비일비재하기 때문에 개인이 기관투자가를 앞서기는 거의 불가능하다.

그렇다면 개인투자자는 자신의 모든 돈을 은행이나 보험회사, 투자신탁회사 등에 맡겨만 놓으면 끝나는 것일까? 불행히도 그렇지 않다. 어떤 기관에 돈을 맡길지, 어떤 금융상품을 선택할지는 오로지 투자자의 몫으로 남아 있기 때문이다.

위험을 줄이는 데는 '애버리징' 만한 게 없다

일반적으로 투자란 목돈이 모였을 때 한 번에 몰아서 투자하고 일정 기간이 지난 후에 그 수익을 얻는 것이라고 생각하게 마련이다. 특히 우리나라처럼 단기간에 승부를 보려 하고 한탕주의가 휩쓰는 투자환경에서 그런 고정관념을 떨쳐내기란 쉽지 않다. 최근 들어 인식이 많이 바뀌었지만, 과거 우리나라 대부분의 투자자는 적립식으로 펀드를 산다는 생각은 해보지도 않았고 펀드 운용사에서 이런 상품을 만들어 판매하지도 않았다.

펀드를 적금 형태로 투자하는 방법은 선진국에서 이미 수십 년 전부터 행해져왔다. 바로 '매입원가 평균법Cost Averaging'이 그것이다. 목표로 하는 주식을 일정 기간에 나누어 꾸준하게 매입함으로써 매입 평균 단가를 낮추는 투자방법이다. 이런 투자방법은 위험을 가능한 한 줄여주는 보수적인 투자방법으로 분류된다. 그렇다면 매입원가 평균법이 위험을 줄여주는 비결은 무엇일까?

기간을 나누어 투자한다는 것은 매월 또는 분기별, 혹은 반기별로 일정 금액을 나누어 투자하는 것을 말한다. 시장이 변화하더라도 꾸준히 지속해서 투자하는 것이 핵심이다. 이러한 투자방법이 얼마나 효과적인지 알아보자.

투자금액은 월 100만 원이고, 분기별로 20만 원씩 나누어 5회 투자한다는 가정 아래 여러 가지 시장 상황의 시뮬레이션 결과를 비교해볼 수 있다.

▶ 상승장에서도 꽤 짭짤하다
먼저 주가가 계속 오르는 상승장을 보자. 편의상 주식 한 종목만을 산다고 가정한다. 그리고 한 주의 가격이 분기별로 500원, 600원, 700원, 800원, 900원으로 상승했다. 500원에 100만 원을 투자했다가 900원에 주식을 매각하면 180만 원을 받게 되고 수익률은 80%에 이른다. 반면, 각각의 기간에 20만 원씩 나누어 투자한 후 900원에 매각하면 총 134만 원을 받게 된다. 당연히 목돈 투자자가 유리하다. 하지만 시장 상황은 항상 상승세만 있는 것이 아니다. 게다가 34%의 이익을 얻은 적립식 투자자의 경우 80%를 얻은 투자자에 비해 상대적으로 적은 수익을 올렸지만 34%도 꽤 짭짤한 투자수익이다. 이는 모든 투자자에게 행복한 경우이므로 별로 문제가 될 만한 것이 없다.

▶ 하락장에서 손해가 적다

주가가 하락했을 때를 보자. 한 주의 가격이 분기별로 500원, 400원, 300원, 300원, 400원으로 하향하는 경우다. 100만 원을 일시에 투자한 경우에는 20%의 손실이 발생한다. 하지만 분기별로 20만 원씩 나누어 투자한 경우에는 지수가 하락했는데도 9.3%의 수익이 발생한다. 적립식 펀드가 위험을 크게 줄여준 셈이다. 주식가격이 분기별로 500원, 400원, 300원, 200원, 200원으로 폭락하면 어떨까? 일시에 100만 원을 투자한 경우에는 원금의 40%밖에 건지지 못한다. 무려 60%의 손실이다. 분기별로 20만 원씩 나누어 투자한 경우에는 71만 3,000 원을 얻게 된다. 손실이 났지만 28만 원 이상의 손실은 발생하지 않았다. 지수가 60% 폭락해도 적립식 투자는 28%의 손해밖에 나지 않았다.

▶ 보합장에서 오히려 돈을 번다

적립식 펀드는 보합장에서 빛을 발한다. 주가가 분기별로 500원, 400원, 300원, 400원, 500원으로 처음과 끝이 같은 경우는 어떨까? 일시에 100만 원을 투자한 경우에는 수익이 전혀 없다. 만약 분기별로 20만 원씩 나누어 투자했다면 무려 23.3%의 수익을 올리게 된다.

이를 통해 우리는 다음과 같은 결과를 얻을 수 있다. 일시에 투자할 경우에는 최악의 경우 −60%에서 최선의 경우 +80%의 수익을 기대할 수 있다. 적립 형태로 투자할 경우에는 최악의 경우 −28.7%에서 최선의 경우 34%의 이익을 얻을 수 있다. 일시 투자한 결과가 변동성이 훨씬 큰 셈이다. 더욱이 최악과 최선이 아닌 보합장세에서는 적립식 펀드가 훨씬 안정적인 수익성을 보여준다.

적립식 펀드도 제대로 골라야 한다

요즘은 지천에 널린 게 적립식 펀드이므로 올바른 선별기준이 필요하다. 투자하기에 좋은 펀드를 고르려면 다음과 같은 사항에 유의하자.

첫째, 단순한 운용전략을 택함으로써 펀드 수익률의 움직임을 예측 가능한 펀드가 적립식 투자에 적합하다. 즉, 주가가 오르면 내 펀드의 수익률도 얼마 올랐겠구나 짐작할 수 있어야 한다. 복잡한 운용전략을 택하는 펀드는 피하는 것이 상책이다.

둘째, 어느 정도 변동성이 있는 펀드가 낫다. 변동성이 조금이라도 있어야 보다 높은 수익을 기대할 수 있으며, 변동성에 따른 위험은 장기적립식으로 투자해 줄일 수 있다. 파생상품 투자를 주로 하는 변동성이 큰 펀드나, 채권상품 등에 주로 투자해 안정성만 추구하는 펀드보다 자산의 대부분을 주식에 투자하는 펀드가 더 적합하다.

셋째, 신생 펀드는 피하는 것이 좋다. 장기간 운용되어 수익률과 전략이 검증된 펀드를 골라야 한다. 다만 수익률보다는 운용전략의 일관성에 더 중점을 두자. 수익률은 주가나 금리에 따라 오르거나 떨어질 수 있다. 주가나 금리의 오르내림과 관계없이 투자자와 약속한 운용전략을 꾸준히 유지했는지를 바탕으로 펀드를 고르는 것이 바람직하다.

넷째, 안정적인 운용사와 규모가 큰 펀드를 골라야 한다. 어차피 장기로 투자할 예정이라면 운용회사가 안정적이고 중간에 펀드매니저가 자주 바뀌지 않는 펀드를 고르자.

위험은 줄이고 수익은 보장하는 투자법

위험이란 곧 변동성을 의미한다. 투자에서 위험을 줄이고자 한다면 변동성이 적은 상품에 투자해야 한다. 정기예금은 거의 변동성이 없다는 점에서 매우 안전한 투자지만 물가 상승에 따른 인플레이션을 극복하지 못한다는 점에서 매력이 떨어진다. 그렇다면 좀더 적극적인 투자에 나서야 하는데 이런 투자에는 늘 위험이 따른다.

어느 정도 수익률을 보장하면서 위험을 최소화하는 방법이 있다.

첫 번째가 지금까지 설명한 적립 형태로 조금씩 꾸준하게 오래 투자하는 방법이다. 다만 자유적립식보다 정액적립식이 좀더 위험을 줄여

줄 수 있다. 자유적립식으로 투자하다 보면 주가 상승기에는 더 많이 투자하고 주가 하락기에는 투자를 중단하고 싶은 유혹에 빠지기 쉽다. 이런 위험을 피하기 위해서라도 정액적립식으로 투자하는 것이 더 낫다.

두 번째는 시장수익률의 변동보다 더 민감하게 반응하지 않는 종목, 즉 주식베타가 낮은 종목들을 발굴해 투자하는 방법이다.

마지막으로 초기에는 적극적으로 투자하다가 시간이 지나면 조금씩 보수적인 투자의 비중을 높이는 투자방법이 있다.

Action Plan '-50 = +100의 법칙'을 생각하고 투자하라!

₩ 　　투자란 수익보다 위험을 관리하는 것이다. 한 번 손실을 보면 그 손실을 만회하기 위해 2배의 힘이 들게 된다. 주식이든 펀드든 투자한 자본의 절반을 잃었을 때 본전으로 돌아오려면 돈을 두 배로 불려야 한다는 '-50 = +100의 법칙'을 생각하고 투자해야 한다. 즉, 투자에 앞서 위험을 먼저 생각하라는 의미이다.

예) 어떤 주식을 1만 원에 샀는데 며칠 후 주식 급락으로 5,000원이 되었다면 50% 하락한 셈이다. 주가가 1만 원까지 회복되기 위해서는 5,000원만 더 오르면 본전이다. 하지만 현재 주가의 100%가 올라야 원금이 된다.

아는 만큼 돈이 되는
부동산

Part 3

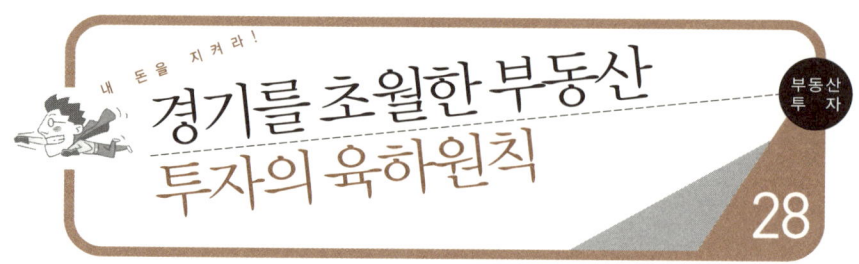

내 돈을 지켜라!

경기를 초월한 부동산 투자의 육하원칙

▶▶▶ 신문이나 잡지의 헤드라인을 보면 "단칸방에서 시작해 수십억 부자로", "몇십만 원으로 수백억 부자 되는 부동산 투자" 등 그야말로 손가락 하나로 빌딩을 올린 사람들의 이야기가 판을 친다.

그 사람들이 정말 부동산으로 돈을 번 것이 사실인지 여부를 차치하고라도 부동산이 재테크에서 주목받는 상품임은 의심할 여지가 없다.

사실 1997년 외환위기 이후부터 얼마 전까지 부동산에 투자하기 가장 좋은 시기였다. 부동산 시장의 상승기였기도 하지만, 역으로 생각해 보면 그만큼 규제가 까다롭지 않았다는 의미이기도 하다. 하지만 이 시기에도 정부의 부동산 정책은 있었다. 그렇다면 그 당시 부동산으로 돈을 번 사람은 분명 부동산 정책이나 시세에 갈팡질팡하지 않고 소신껏 투자해 큰돈을 벌어들였을 것이다. '투자비법'이 아니라 '기본'을 잘 지켜 성공했다는 말이다.

부동산, '기본'을 지키면 성공한다

부동산을 잘 구입하기 위해 가장 먼저 해야 할 일은 바로 부동산에 대해 아는 것이다. 전장에서 승리하기 위해서만 '지피지기 백전백승' 병법을 쓰는 것이 아니다. 단돈 10원이라도 그것이 내 손에 들어오게 하려면 보이든 보이지 않든 상대를 먼저 파악하는 것은 기본 중의 기본이다.

▶ 시세의 큰 흐름부터 파악하라

우선 부동산을 구입하기 전에 인터넷으로 부동산 시세의 큰 흐름을 파악해야 한다. 너무 당연한 말이 아니냐는 분들도 있겠지만 실제로 사람들은 '너무나 당연한' 이것조차도 잘 지키지 않는 경우가 많다.

인터넷으로 시세를 알아볼 경우에는 매체의 특성상 매물이 시세보다 15%가량 싸게 나온다는 점을 염두에 두어야 한다. 다른 중개업소보다 가격 경쟁력에서 돋보이기 위해 일단은 싸게 내놓고 실거래에서 협의를 이끌어낸다는 말이다.

▶ 중개업소 선정에도 법칙이 있다

일단 내가 구입하고 싶은 부동산을 정했으면 그다음으로 부동산 중개업소를 선정해야 한다. 중요한 것은 내가 구입하고자 하는 매물 근처의 중개업소가 타 지역 중개업소보다 우선되어야 한다는 사실이다. 그 중개업소가 믿을 만하다면 한 업소만 선정해도 되지만, 확신하기 힘들 경우에 다른 한 곳 정도를 통해 검증해보는 것이 좋다.

이때 너무 신중한 나머지 여러 업소를 통해 같은 매물을 문의하는 것은 좋지 않다. 이는 구매자 스스로 가격을 올리는 결과를 초래할 가능성이 있다. 여러 업소에서 동일한 부동산 소유주에게 문의하면 실제 구매할 의향이 있는 사람이 한 명뿐이더라도 부동산 소유주는 여러 명이 관심을 가진 것으로 판단해 흥정을 어렵게 만들 수 있다.

▶ 상대적 비수기를 노려라

재테크에서 "겨울에 밀짚모자를 구입하고 여름에 털장갑을 구입해야 한다"는 말이 있다. 부동산 구입도 마찬가지다. 최근 부동산 시장, 특히 주택 시장은 자녀가 방학일 때 성수기를 맞는다. 따라서 겨울방학이 연중 최성수기이며 가격도 가장 높다. 두 번째 성수기는 여름방학이고, 봄과 가을은 상대적으로 비수기다. 이렇듯 부동산 경기도 상승과 하락이라는 큰 흐름 속에 계절적 변화와 지역별 시황의 변화가 있으니 잘 파악해야 한다.

▶ 리스크 관리에도 법칙이 있다

리스크 관리 면에서 가격 상승기에는 이사 갈 집을 먼저 사고 자기 집은 나중에 파는 것이 효과적이다. 그러나 보합기나 하락기에는 내 집을 먼저 팔아야 한다. 가격 차이뿐만 아니라 상승기에는 더 높은 가격을 받을 수 있으리라는 기대심리로 인해 물건이 더 귀해지며, 보합기나 하락기에는 조금이라도 빨리 팔기 위해 더 많은 물건이 나오기 때문이다.

▶ 사소한 것에 집착하면 큰 것을 놓친다

최종 흥정 단계에서 200~300만 원의 가격 차이로 인해 결정을 못 내리고 이후에 가격이 더 상승해 후회하는 경우가 있다. 부동산 구입에서 200~300만 원 차이는 큰 금액이지만 전체로 보면 1% 정도다. 100원짜리를 101원에 사느냐 99원에 사느냐 하는 문제인 것이다. 최선을 다해 흥정하되, 작은 차이로 더 큰 것을 놓치는 우를 범해서는 안 된다.

▶ 미래가치를 확인한 후에 최종 구입한다

최종 구입에 앞서 미래가치를 파악해야 한다. 소형 주택은 주변 환경이 다소 열악하더라도 가격이 최우선이며, 대형은 가격이 비싸도 주변 환경이 좋은 것을 기준으로 삼으면 된다.

만약 주변 부동산이 10% 정도 올랐는데 내가 정한 곳이 특별한 악재 없이 5% 정도만 올랐다고 하자. 그러면 앞으로 주변 시세와 비슷해질 확률이 크다고 판단할 수 있다.

투자의 육하원칙

부동산 투자에도 육하원칙이 있다. 일명 투자의 5W1H 원칙이다. "어떻게 시작해야 할지 몰라 두렵다", "투자의 방향성을 잃었다" 등으로 고민할 때 이는 유용한 나침반 역할을 해준다.

▶ why – 왜

투자의 목적을 분명히 해두자는 것이다. 거주가 목적인지, 임대가 목적인지, 노후를 위한 투자인지, 자녀를 위한 투자인지 구분해야 한다. 요즘처럼 부동산 시장이 급변하는 시대에는 분양사기 사건처럼 부동산 투자에 따른 위험이 날로 증가한다. 목적의식 없이 투자할 경우에는 큰 어려움을 겪을 수도 있다.

▶ what – 무엇을

투자목적이 정해지면 그다음에는 무슨 부동산을 선택할지 결정해야 한다. 예컨대 토지, 아파트, 상가 등을 정하는 것이다. 좀더 구체적으로는 선호도가 높은 아파트, 토지지분이 넓은 재건축 아파트, 재개발 지역의 아파트 입주권 지분, 업무시설 밀집지역의 임대 목적 오피스텔, 수요층이 두꺼운 테마상가, 입지가 좋은 전원주택과 펜션 등이 있다.

▶ how – 어떻게

투자가 가능한 자금의 규모를 정한다. 자금의 규모를 정해야 대상 지역 선정과 대상 상품 접근이 수월하다. 자신이 보유한 자금을 점검해 얼마를 투자할지, 얼마가 필요한지 예산을 세워야 한다. 유의할 점은 여유자금으로 투자해야 한다는 것이다. 무리한 대출은 가계에 큰 부담을 안겨줄 수 있으며 부동산 불황기에 자금압박을 받아 옳지 못한 결정을 내릴 수 있기 때문이다.

▶ when – 언제

부동산 투자는 타이밍이다. 언제 사고 언제 팔지가 가장 중요하다. 부동산 가격은 수시로 변화하기 때문에 같은 부동산이라도 매매하는 시기에 따라 수익률이 크게 차이가 난다. 매도나 매수 시점의 결정은 부동산 시장의 흐름이나 부동산 경기 등을 통해 분석해야 한다. "낮을 때 사서 높을 때 팔라"는 말이 있듯이 가격 하락이 멈출 경우에 매입을 적극 고려해야 하는 것은 두말할 필요가 없다.

또한 부동산에 투자할 때 투자기간을 반드시 정해야 한다. 부동산 투자 후에 환금이 필요한 시기가 있으므로 미리 투자기간을 정해두는 것이다. 단기로 1~2년 투자할지, 중기로 3~5년 투자할지, 장기로 6~10년 투자할지 결정해야 한다는 말이다. 기간이 정해지면 그에 맞는 부동산 상품을 고른다. 단기투자인 경우에는 환금성을 중시하고, 장기투자인 경우에는 투자수익률이 높을 것으로 예상되는 상품이 좋다.

▶ where – 어디서

투자지역을 선정하는 일이다. 무엇보다 중요하게 고려해야 할 기준은 해당 지역의 발전 가능성이다. 부동산 투자는 현재가 아니라 미래를 사는 것이기 때문이다.

지역을 선정할 때 처음에는 후보지를 열 군데 정도 선정해놓고 두세 군데로 좁혀 집중분석한 후에 선정하는 것이 좋다. 자신이 잘 아는 지역이거나 알 만한 지역이면 더욱 좋다. 이러한 지역에 관심을 집중하면 좋

은 부동산을 찾을 가능성이 높을 뿐만 아니라 지역 분석도 좀더 구체적
으로 할 수 있다.

▶ who − 누가

혼자 투자할지, 다른 사람과 함께 할지 따져보아야 한다. 자금이 적어
투자시기를 놓치거나 무리한 대출로 이자에 허덕이느니 공동으로 자금
을 모아 투자하면 위험부담도 줄이고 수익률도 높일 수 있다.

Action Plan 주택보급률 107%와 베이비부머의
은퇴가 갖는 의미

₩ 　　우리나라 주택보급률은 2002년을 기점으로 100%를 넘어섰다. 2007년을 기준으로
108%를 기록했으며, 국토해양부는 2012년까지 선진국 수준인 116.7%까지 높이겠다고 한다.
주택보급률이 107%를 넘는 시점부터는 경제위기와 상관없이 공급 초과로 인한 집값의 하락이
시작된다.
한편, 노후 준비가 부족한 베이비부머는 2013년부터 본격적으로 은퇴한다. 베이비부머는 은퇴
하면서 노후자금을 마련하기 위해 아파트를 줄이거나 전세로 옮길 전망이다. 따라서 아파트가
필요한 20~40대는 넘쳐나는 공급물량을 전부 소화하지 못할 것이 분명하다. 장기적으로 부
동산 불패라는 신화는 더 이상 존재하지 않을 가능성이 크다. 이 때문에 자산을 부동산과 금융
자산에 분산투자해야 하는 것이다.

싸게 사서 비싸게 파는 부동산 거래 기술

▶▶▶ 10년 동안 먹지도 쓰지도 않으면서 모은 돈 1억 원을 부동산에 투자하고 싶다며 문의해온 분이 있다. 물론 부동산 투자에서 1억 원은 그다지 큰돈이 아니다. 하지만 서민들에게 1억 원은 참으로 많은 것을 포기해야 모을 수 있는 돈이다.

그토록 소중한 돈이다 보니 그저 남들이 하는 대로 따라 해서는 낭패를 보기 십상이다. 남들 팔 때 팔고, 남들 살 때 사는 매매전략으로는 '큰돈'을 만지기 어렵다.

사실 일반인이 부동산 거래를 경험하는 빈도는 그리 높지 않다. 대개 중개업자를 통해 거래가 이루어지기 때문에 부동산 거래에서 점검해야 할 것들을 잘 모르는 경우가 다반사다. 하지만 부동산 거래는 큰돈이 오가는 만큼 나름대로 철저한 사전준비와 확인이 뒷받침되어야 한다.

언제 파는 것이 좋을까

원하는 시기에 원하는 값을 받고 팔수만 있다면 얼마나 좋을까. 하지만 현실은 그렇지 못하다. 거래란 지극히 상반된 두 입장의 차이를 좁혀가는 과정이기 때문이다.

이 때 누가 주도권을 쥘지가 결정된다. 수요보다 공급이 많을 때는 사는 사람이 주도권을 갖는다. 파는 입장에서는 '언제 파는 것이 가장 적절할까'를 선택해야 한다. 당장 팔지 않아도 된다면 적정가격이 나올 때까지 기다려야 한다. 하지만 돈이 급한 상황이라면 돈을 좀 더 받으려고 하기보다 계약과 동시에 잔금까지 받는 것이 좀 더 현명한 방법일 수 있다.

어떻게 파는 것이 좋은가

집을 빨리 팔아야 한다면서 인근 중개업소 한 곳에만 연락해 놓는다면 당연히 거래 빈도는 낮을 수밖에 없다.

여러 중개업소에 물건을 내놓고 수시로 거래상황과 가격 등을 확인하면서 각각의 중개업자를 경쟁시키며 채근해야 한다. 중개수수료를 '당근'으로 제시하는 것도 좋은 방법이다. 아울러 중개업소 이외에 인터넷 매물등록, 생활정보지 등을 활용하면 거래 가능성은 더욱 높아질 것이다. 만일 사고자 하는 사람이 여러 명이 있다면 구매충동을 유발하기 위해 같은 날, 같은 시각에 방문을 유도하는 것도 한 가지 방법이 될 수 있다.

한편, 팔려는 물건이 약점이 있는 부동산이라면 비용을 들여서라도 보완을 해서 파는 편이 좋다. 노후한 건물이라면 리모델링도 좋겠다. 사는 사람 입장에서 물건에 하자가 있다면 가격을 흥정하게 마련이다.

언제 사는 것이 좋은가

현금의 위력이 가장 셀 때 사는 것이 좋다. 이는 전반적인 경기 상황이나 부동산 거래 빈도가 낮은 시점을 말한다. 물건을 내놓은 사람 입장에서 거래가 잘 안 되면 가격을 내리게 마련이다. 이때 가격 저점을 알리는 신호가 오면 정확한 판단 후에 발 빠르게 움직여야 한다. 주저 없이 사는 실행력만이 원하는 물건을 적정한 가격에 구매하도록 만든다.

더 떨어지기를 기대하며 구매를 미루는 것이 일반적이다. 하지만 선수는 결코 때를 놓치지 않는 법이다. 누구나 사려고 하는 시점이 다가오면 가격 반등의 신호로 해석하자. 급매물이 지속적으로 소화되는 시점을 잘 파악하는 것이 무엇보다도 중요하다.

어떻게 사는 것이 좋은가

우선 부동산의 하자를 따져보아야 한다. 부동산의 하자란 기능상의 하자, 법률적인 하자 등을 말한다. 물건의 하자는 가격을 깎을 중요한 근거가 될 수 있다. 주택을 살 경우에 주택으로서 기능이 부족한 부분, 수리가 당장 필요한 부분, 활용에 불편한 부분 등을 조목조목 따져가며 확인하는 과정이 필요하다. 확인한 내용은 가격 흥정에 적극 활용하자.

한편, 싸게 사는 것만 중요한 것은 아니다. 오히려 구매한 물건을 내 것으로 만드는 법적 절차에 문제가 없는 것이 더 중요하다. 저렴하게 구입했다고 해도 소유권을 확보하는 데 문제가 발생해 소송 등으로 소유권 이전 시점이 늘어지면 생각하지 못한 자금운용상의 문제가 발생할

예고등기 부동산등기부에 등기된 사실
에 대한 말소 또는 말소회복청구의 소송
이 제기되었을 때 제3자에게 알림으로써
제3자가 피해를 입지 않도록 소송을 접수
한 법원이 직권으로 촉탁 등기하는 예비
등기의 일종. 예고등기된 부동산의 경매
가 진행되면 말소기준권리를 떠나 소멸되
지 않고 낙찰자의 부담으로 남게 된다.

**가등기* 본등기의 순위보전을 위한 예
비등기. 부동산 물권 또는 임차권의 설정,
이전, 변경, 소멸의 청구권을 보전하려 할
때나 그 청구권이 시기부, 조건부이거나
장래에 확정될 것일 때 그 본등기의 순위
보전을 위해 하는 것.

수 있다. 따라서 해당 부동산의 등기부등본을 통해 법적 이상 유무를 확인해야 한다. 각종 담보설정이나 *예고등기, **가등기가 설정된 경우에는 의심해보아야 하며, 단시일 내에 소유자가 여러 명 바뀐 경우에는 법률전문가에게 자문을 구해야 한다.

공법상의 이용제한도 검토해야 한다. 해당 부동산을 개발 목적으로 구입했을 경우에 미리 확인하지 못한 공법상의 문제로 개발이 힘들거나 개발을 위해 많은 절차, 시간, 비용을 지불해야 하면 곤란하기 때문이다. 따라서 지적도, 토지대장, 토지이용계획확인원 등 최근의 모든 서류를 지참한 후에 현장답사를 거쳐야 한다. 아파트 같은 공동주택은 건물등기부에 기재된 대지 부분을 파악한다. 매도자가 진정한 소유자인지 여부도 따져보고, 대리인과 계약하는 경우에는 위임장을 반드시 첨부한 후에 계약을 해야 한다.

담보가 설정된 주택을 구입할 경우에는 실제 대출금액, 상환금액, 대출기간, 승계여부 등에 대해 매도자와 함께 설정 금융기관을 방문해 저당권의 범위를 서면으로 확인해두도록 한다.

부동산을 손해 안 보고 사고파는 기술

중개업소에 가서 "이 땅은 어떻고 저 땅은 어떻고" 하며 짐짓 아는 체하는 사람이 있다. 이런 행동은 중개업자의 눈에 얄미워 보일 수 있다. 중개업자도 사람이다. 기왕이면 인상 좋은 사람에게 금싸라기 땅을 보여주고 싶을 것이다.

중개업소에 가서 돈이 너무 있는 체해도 안 되고 너무 없는 체해도 안 된다. 적당히 땅 살 돈 정도만 있다는 표를 내라. 그리고 마음에 드는 땅을 발견하더라도 너무 좋아하는 내색을 해서는 안 된다. 감탄사 한 마디에 값이 껑충 뛰어오를 수 있다.

땅을 팔 때도 지나치게 부탁하는 표현은 안 하는 편이 좋다. 오히려 약점이 되어 가격이 깎일 위험이 있다. 이자 나가는 돈으로 산 땅이 아니라면 땅을 못 팔아서 안달할 필요도 없고 못 사서 서두를 필요도 없다.

Action Plan 다운 계약서는 No!!

₩   부동산 거래에서 매도자가 양도세 경감을 위해 편법인 다운 계약서를 작성하면 양도세 폭탄을 맞을 수 있다. 다운 계약서는 매도자가 가격을 깎아주는 조건으로 매수자와 실거래가보다 낮은 가격으로 거래가 된 것처럼 계약서를 작성하는 방식이다. 그러나 실거래가 신고제가 적용되는 지금은 양도세를 피하기 어렵다. 매수자의 경우에는 매도자의 요구로 다운 계약서를 작성해 부동산을 구입했더라도 구제받을 방법이 있다. 거래 당시 통장사본이나 온라인 거래 영수증 등 자료를 제출하면 세무서에서 취득금액을 다운 계약서의 취득금액이 아닌 실제 구입금액으로 인정해준다.

다음은 양도세 허위 신고로 판정될 때 부과되는 세금이다.
신고불성실 가산세: 누락분의 10% 추가 부과
납부불성실 가산세: 납부금에 하루 0.03%씩 부과

아는 만큼 돈이 되는 부동산

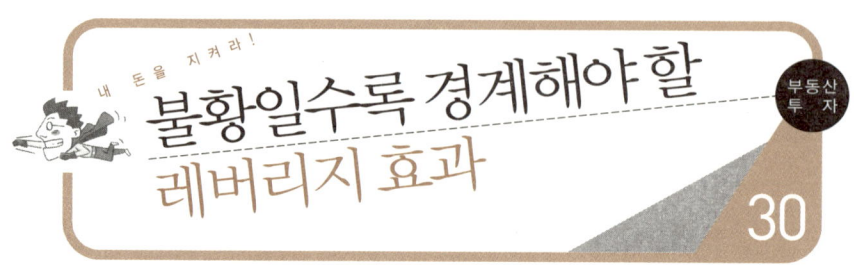

▶▶▶ 살아가면서 한 번도 금융기관에서 돈을 빌리지 않는 사람이 있을까. 일시적으로 융통이 필요할 때 우리는 흔히 현금서비스나 마이너스 대출을 받는다. 이는 곧 '빚'이지만 잘 활용하면 자금흐름상 일시적인 위험에 빠진 우리에게 더 없이 좋은 희망의 빛으로 작용한다.

우리는 투자를 위해 금융기관의 자금을 빌리기도 한다. 순수자기자본으로 투자해 수익을 남기는 것이 이상적이지만 수익률을 높이기 위해 금융기관 차입금으로 일정 부분을 충당하는 게 일반적인 투자다. 이른바 '레버리지지렛대 효과'를 기대하기 때문이다. 이는 빚으로 투자해 수익을 극대화하는 기법으로, 상당수의 일반투자자들이 부동산이나 주식 투자에 이를 활용하려고 한다. 하지만 금융기관의 대출이 '레버리지 효과'의 보증수표는 아니다. 무엇보다도 기본을 지키는 투자, 즉 내가 감당할 만큼의 빚이라야 레버리지 효과를 기대할 수 있다. 그렇지 못할 경우에는 본인은 물론이고 가정의 행복을 송두리째 앗아가는 '불행의 씨앗'이 될지도 모른다.

레버리지 효과를 맹신하기보다 운영 노하우를 갖추는 게 급선무

부동산 임대사업자에게도 '레버리지 효과'는 인기가 있다. 상가건물을 매입할 때 투자액의 20~30%만 자기자본으로 충당하고도 운영수익을 늘릴 수 있기 때문이다.

예를 들어 1억 원의 순수자기자본으로 2억 원짜리 상가에 투자한다고 가정해보자. 나머지 1억 원을 전세보증금으로 대체하면 이 상가를 살 수 있다. 물론 전세보증금 1억 원을 모두 매입자금으로 넣었으니 부동산 가격이 상승하지 않는 한 투자수익률은 제로이다.

반면, 자기자본 1억 원에다 은행차입금(대출이자 연 8% 수준) 5,000만 원을 더해 2억 원의 상가에 투자할 경우에 전세보증금은 5,000만 원이면 된다. 그 대신 나머지를 월세로 전환해 월임대료(연 15%) 62만 5,000원 정도의 수익을 얻을 수 있다. 1년 운영수익 720만 원에 대출이자 400만 원을 감안하면 1억 원의 투자수익률은 연 3.2%인 셈이다.

이 같은 레버리지 효과를 기대하려면 반드시 부동산 투자를 통해 확보되는 현금흐름에 대한 자신감이 있어야 한다. '남들이 하니 나도 한다'가 아니라 나만의 운영 노하우를 갖춰야 한다는 이야기다.

상가를 임대하는 것도 쉬운 일은 아니다. 임대료 결정부터 임차인과의 인간관계, 임대료 입금이 안 될 때 대처방법, 전대 문제, 임대료 인상 문제, 인테리어와 권리금 등에 대한 미시적인 운영 노하우가 있어야 원활하게 운영할 수 있다.

과유불급! 레버리지 효과에 대한 맹신은 쓰디쓴 결과만!

부동산 투자를 위해 주택담보대출을 무리하게 받는 경우에 원리금을 제대로 갚지 못할 뿐더러 부동산 가격이 하락하면 그야말로 최악의 상황에 몰리게 된다.

더군다나 '레버리지 효과'를 기대하고 위의 방법으로 건물을 매입했는데 임대료가 제때 들어오지 않는다고 상상해보자. 여유자금이 없을 경우에 대출이자가 연체될 테고, 연 8%의 착한 금리가 순식간에 무시무시한 고금리로 변하는 결과를 맞이하게 된다. 그야말로 투자자의 목을 옥죄어올 것이 분명하다. 연체이자는 부동산 투자의 기대수익률보다 훨씬 높기 때문에 자금운영에 문제가 생기면 소유 부동산을 급매물로 내놓기까지 한다. 연체이자도 제대로 못 내는 상황에서 급매물로 내놓는 부동산 가격은 매입가에도 미치지 못하는 경우가 허다하다.

IMF를 전후해 이러한 사례는 심심찮게 발생했다. 은행이자를 내지 못해 상환 독촉에 시달리다 급한 마음에 이것저것 재지도 않고 부동산을 팔아 손해를 보는 것이다.

미국 금융위기가 가르쳐주는 레버리지 교훈

2007년 11월부터 본격적으로 시작된 서브프라임 모기지^{주택담보대출} 위기가 베어스턴스, 리먼브라더스 등 굵직한 투자은행의 파산으로 이어지며 전 세계가 금융위기와 경기침체로 혼란을 겪고 있다. 레버리지 효과만 믿고 무리하게 대출을 받아 파생상품에 투자한 부자 은행도 빚 앞에는 장사가 없음을 증명하며 일순간에 역사의 장에서 벗어났다.

하물며 서민은 더하면 더했지 덜하지는 않을 것이다. 현재 미국 서민들은 부동산 거품이 꺼지면서 집값이 폭락하고 대출금리가 오르면서 이자조차 낼 길이 막막해졌다. 그들은 집을 팔려고 내놓아도 팔리지 않자 채권자에게 집을 빼앗겨 길거리로 쫓겨나고 있다. 향후 집값이 20% 정도 더 하락할 것이라는 전망이니 무리를 해서 돈을 빌려 투기한 투기자는 집값의 폭락으로 깡통을 찰 테고, 모기지론을 안고 있는 서민은 더욱 더 삶이 피폐해질 것이다. 이제 남의 돈으로 투자하는 것이 얼마나 무모한지 깨달아야 한다.

Action Plan 한 가지라도 No라면
레버리지 효과는 없다. 과감히 포기하라

₩   아래는 레버리지 효과를 판단할 수 있는 체크리스트이다. 한 가지라도 No라면 과감히 투자를 포기하고 다음 기회를 노려야 한다.

- 투자할 대상의 정보와 전망이 확실한가?
- 부채상환(원금, 이자) 금액이 월 소득의 40% 이하인가?
- 수익과 손실이 났을 경우를 가정한 상환 계획이 있는가?
- 직장이 안정적인가?
- 부채가 자산의 60% 이내인가?
- 부채를 상환하기 위해 생활을 절제할 각오는 되어 있는가?

내 돈을 지켜라!

며느리도 모르는
집 싸게 사는 법

▶▶▶ 누구는 부동산으로 '억'을 버는 세상에서 아직까지도 내 집 장만에 목을 매는 현실은 서글프기 짝이 없다. 그런데도 우리를 힘나게 하는 것은 '언젠가는!'이라는 희망의 메시지이다. 작지만 소중한 내 보금자리를 만들 수 있는 그 '언젠가는'을 위해 미리 알아두어야 할 것들이 참으로 많다. 특히 같은 물건이라도 싸게 사는 노하우는 반드시 섭렵해두어야 한다.

매도자 우위 시장에서 매수는 자제!

집값은 부동산 경기에 막대한 영향을 받는다. 부동산 경기 국면에 따라 거래의 칼자루를 매수자가 쥘지 매도자가 쥘지가 갈린다. 특별한 경우가 아니라면 매도자 우위의 시장에서 집을 사는 것은 피하는 편이 좋다. 매도자가 우위인 시장에서는 집을 싸게 구입하기 어렵고, 설령 싸게 구입해도 전체적으로 가격이 상승한 상태이기 때문에 결코 싼 것이 아닐 수 있다.

일반적으로 매도자 우위 시장은 매도매물이 매우 적은 것이 특징이다. 평균 1,000여 세대 단지를 기준으로 10세대 미만이 나와 있는 경우다. 2003년 8월 전후 강남지역을 분석해보면 강남의 1,000여 세대 단지에 매물이 1~2개밖에 안 되었다. 그 당시 강남의 아파트를 산 사람들은 결국 비싼 가격에 구입할 수밖에 없었다.

가능한 한 많은 시간 발품을 팔아라

부동산을 찾는 데 더 많은 시간을 투자할수록 더 싸게 구입할 가능성이 높아진다. 틈이 날 때마다 대상 부동산을 탐색하고 분석해야 한다. 이때 직접 탐색하는 방법도 있지만, 우선은 신문이나 인터넷을 통해 부동산 정보와 매물을 파악해두는 것이 좋다. 그러고 나서 지리적으로 고정되어 있는 부동산의 특성을 고려해 직접 매물을 찾아 나서야 한다. 집을 구매하겠다고 마음먹었다면 적어도 주말은 매물을 파악하고 분석하는 데 투자해야 한다. 발품을 많이 팔수록 저렴하면서 좋은 매물을 구입할 수 있기 때문이다.

'근로자·서민 주택구입자금대출'을 적극 활용하라

집값이 한두 푼이 아니다 보니 주택을 구입할 때는 많은 자금이 필요하다. 모든 자금을 확보해서 집을 장만하는 것이 이상적이지만 자금을 모으는 사이에 집값이 오르는 불상사가 생길 수도 있다. 그러면 또다시 구입을 미루어야 한다. 일정한 자금이 모이면 대출을 이용하는 것이 집을 싸게 사는 방법이다.

　정부는 무주택자의 내 집 마련을 지원하기 위해 시중 최저 금리인 5.2%의 저금리연소득 2,000만 원 이하 다자녀 가정은 4.7%로 최고 1억 원까지 대출해줘 내 집 마련을 망설이는 잠재 수요층에게 도움을 주고 있다. 정부 기금으로 운영되기 때문에 연말정산 때 소득공제까지 받으면 실제 금리는 4%대이다.

주택담보대출금리의 하락기를 노려라

요즘 같은 경기침체기에 한국은행 금융통화위원회는 경기를 부양하고자 기준금리를 인하하는 정책을 펼친다. 기준금리가 인하되면 대출이자가 줄어들어 소비를 촉진하는 효과를 볼 수 있다. 하지만 웬일인지 주택담보대출금리가 여전히 상승세를 타고 있어 집을 사려는 수요자나 보유자는 대출이자에 대한 고민이 이만저만 아니다.

*무기명 양도성예금증서(CD) 금리 은행이 발행한 정기예금증서에 양도성을 부여해 약정 기일에 증서 소지인에게 원리금을 지급하는 단기고수익 상품. 즉, 제3자에게 양도가 가능한 정기예금증서.

　주택담보대출금리는 기준금리를 선반영하는 *무기명 양도성예금증서CD 금리에 신용도, 담보가치에 따라 달라지는 가산금리를 더해 적용받는다. 따라서 주택담보대출금리의 하락은 기준금리의 추가 인하 요인이 발생하는 시점뿐만 아니라 글로벌 금융위기가 해소되어 환율이 안정되고 인플레이션이 진정되는 시점에야 이루어질 것이다.

가구주 1인당 주택마련 소요기간은 약 10년이다

2008년 국민은행 연구소가 만 20세 이상 가구주 2,000명을 대상으로 조사한 결과에 따르면 주택을 마련하는 데 소요되는 기간은 9.4년으로 2007년 8.2년이 소요된 데 비해 1.2년이 늘어났다. 집값은 상승했지만 여유자금은 늘지 않은 데서 그 원인을 찾을 수 있다.

2007년 주택을 구입한 가구를 기준으로 연소득 대비 구입주택 가격비PIR는 6.6배로 2006년 6.5배보다 소폭 상승했다. 이는 연소득을 한 푼도 쓰지 않고 6년 이상 모아야 집을 살 수 있다는 의미다. 지역별로는 서울 강북권의 PIR이 8.5배인 반면 강남권은 11.6배로 지역별 집값에 따른 편차가 심했다. 다만 강북권 PIR은 지난해 7.9배 대비 상승했지만 강남권은 12.3배에서 오히려 하락한 것으로 조사되었다.

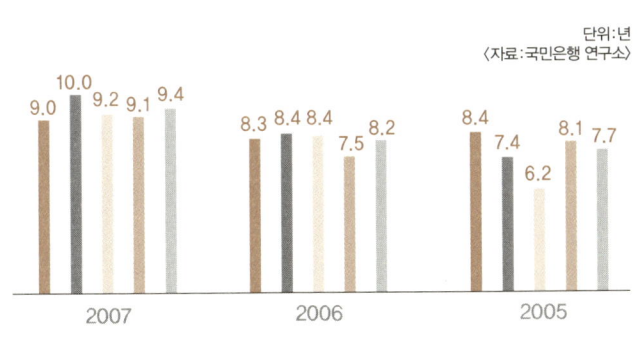

[내 집 마련 소요기간]

단위:년
〈자료:국민은행 연구소〉

■ 서울   ■ 6대 광역시   ▨ 5대 신도시
■ 지방도시   ■ 전체

집 싸게 사는 5계명을 알아두어라

▶ 계약금을 가지고 다녀라

싸게 나오는 매물은 많은 사람들이 관심을 가지게 되고, 따라서 경쟁도 치열하다. 중개업자나 매도자에게 가격 협상만 되면 꼭 매입할 것이라는 입장을 거듭 밝혀두는 편이 유리하다. 이때 계약금을 현찰로 보여주는 것은 매우 중요하다.

▶ 좋은 인상으로 협상하라

흥정을 잘해야 좋은 물건을 잘 살 수 있듯이 집을 싸게 사려면 매도자와 협상을 잘해야 한다. 부드러운 말씨와 편안한 이미지로 사정을 설명하고 가격을 조정할 필요가 있다.

▶ 왜 매도하는지를 파악하라

매도자가 집을 파는 이유를 정확히 아는 것은 중요하다. 예컨대 직장이 다른 지역으로 옮겨졌다거나, 이민을 간다거나, 증여나 상속 등으로 1가구 2주택이 되어 급히 매도해야 한다거나 등 나름대로 이유가 있을 것이다. 다급한 상황일수록 매수자는 흥정에서 좀더 유리한 위치에 설 수 있다.

▶ 오래된 매물인지 분석하라

부동산 시장에 나온 지 오래된 매물일수록 매도자는 심리적으로 불안하고 시간적으로 압박을 받는다. 매물이 언제 부동산 중개업소에 나왔는지 확인하는 것도 중요하다.

▶ 믿을 만한 중개사 사무소를 확보하라

부동산 시장은 국지적이고 지역적인 특성이 강하다. 급매물이 나왔을 때 다른 매수자보다 한발 앞서기 위해서는 그 지역 주택시장을 잘 아는 중개사 사무소를 알고 있어야 한다.

Action Plan **부동산도 주식처럼 지지선과 저항선이 있다?**

₩   부동산 가격도 주식처럼 지지선과 저항선이 있다. 지지선과 저항선 사이를 '밴드 폭'이라고 하는데, 부동산에서는 지역별·종목별로 경기에 따라 최고점과 최저점을 지지선과 저항선이라고 한다. 부동산 흐름은 호경기이든 불경기이든 최고점과 최저점을 순환하며 일정 범위 안에서 움직인다. 지금은 불경기로 부동산이 지역에 따라 1차와 2차 밴드에 있으며 버블의 정도에 따라 3차로 이동하고 있다. 불경기에는 주식시장의 저항선이 상식과 다르게 하락하듯이 부동산도 마찬가지다. 하지만 시장은 결국 순환하므로 다시 밴드를 형성해 움직이게 된다. 보다 체계적으로 부동산에 투자해 성공할 확률을 높이고자 한다면 지역별·종목별로 밴드이론을 응용해보자.
다음은 불경기와 경기회복기의 밴드이다.

불경기의 최저점	경기회복기의 최고점
1차 밴드 연 1% 이내 하락	1차 밴드 연 2% 이내 상승
2차 밴드 연 2~5% 하락	2차 밴드 연 2~15% 상승
3차 밴드 연 5~10% 하락	3차 밴드 연 15~30% 상승
4차 밴드 보합 또는 상승	4차 밴드 보합 또는 하락

▶▶▶ 금리의 움직임이 심상치 않다. 2008년 8월 한국은행은 1년 만에 기준금리를 종전 5.00%에서 0.25% 포인트 올려 연 5.25%로 인상 조정했다. 이에 따라 금융권은 물론이고 국내 경제 전체가 들썩이고 있는 상황이다.

금리가 오르면 예금이자가 오르지만 두툼한 예금통장을 내려다보며 흐뭇하게 웃음 지을 사람이 몇이나 될까. 금리가 인상되면 은행의 대출금리도 당연히 상승한다. 대출금리가 연 1% 포인트 오를 경우, 1억 원을 빌린 대출자의 이자 부담은 연간 100만 원이나 불어난다. 대출금 통장을 내려다보며 한숨 쉬는 이유가 바로 여기에 있다.

부동산과 금리는 관련이 없다?

한때 금리가 오르든 내리든 상관없이 부동산 가격이 연일 오르던 시절이 있었다. 1980년대 말과 1990년대 초, 연 12~16%의 높은 금리에도 아파트 값은 1988년부터 1990년까지 해마다 10~20%씩 올랐다. 당시는 금리와 집값이 별다른 관계가 없는 것으로 나타났다. 금리와 상관없이 집을 살 사람이 많았기 때문이다. 아파트 공급량에 비해 수요가 많아 금리가 아파트 가격에 절대적인 영향을 미치지 않았던 것이다. 덕분에 부동산을 가진 사람들은 연일 쾌재를 불렀다. 그 시절 부동산을 사고팔며 쏠쏠한 재미를 보던 사람들은 20여 년이 지난 지금까지 그 시절의 환상을 버리지 못한다.

그 시절은 말 그대로 "아, 옛날이여!"다. 어느 정도 수요가 충족된 이후의 상황은 완전히 달라졌다. 금리가 오르는데도 무리해서 집을 사고 부동산에 투자해야 할 이유가 사라진 것이다. 그 결과 금리와 아파트 가격 사이에 반비례 관계가 형성된다.

금리가 오를수록 투자와 소비는 줄어든다

기업이 투자를 촉진하고 개인이 소비를 늘리기 위해서는 반드시 '돈'이 필요하다. 돈을 필요로 하는 사람이 많을수록 돈을 빌려주는 사람은 높은 이자를 요구한다. 금리가 올라가면 돈을 빌린 사람은 이자 부담이 커져 빌린 돈의 일부를 상환하거나 돈을 빌리는 것을 그만두게 된다. 금리가 올라가면 기업의 투자가 감소하고 개인의 소비가 축소될 수밖에 없는 것이다. 이렇게 초래된 투자 감소와 소비 축소는 실물자산에 대한 수요를 감소시켜 실물자산의 가격 하락을 가져온다.

실물자산 가운데 부동산은 금리 변화에 가장 민감하다. 부동산 투자자들은 부동산을 구입하기 위해 마련하는 부동산 매입자금을 대체로 대출을 포함해 조달하기 때문이다. 대출금리를 인상하면 투자자들은 대출이자에 대한 부담으로 부동산 매입을 주저하게 된다.

또 수년간 급증한 분할상환방식대출의 거치기간이 종료되면 이자 이외의 원금 상환 부담이 늘어날 것이다. 특히 금리가 오를 경우에는 변동금리 차입의 상환 부담이 커진다. 부동산 거래마저 침체될 경우에 투기 거래자와 소득이 낮은 고령층 등을 중심으로 상환 압박이 증대되면서 부동산 가격의 하락으로 이어질 것으로 보인다.

부동산 안정, 금리 인상이 정답인가?

반면에 금리 인하는 실물자산의 수요를 증가시켜 가격 상승을 초래한다. 실제로 2001년부터 2006년도까지 지속된 저금리 정책은 실물자산의 수요를 증가시켜 부동산 시장을 폭등하게 만들었다. 그러나 2007년부터 금리가 꾸준히 상승하면서 부동산 가격이 안정되어가는 추세다.

그렇다면 부동산 시장을 안정시키기 위해 금리를 인상하는 것이 과연 옳은가. 이는 반드시 긍정적인 결과만 가져오지는 않는다. 금리를 인상하면 개인은 소비보다 저축을 하게 된다. 개인의 소비 감소는 자연스레 경기를 후퇴하게 만든다. 더불어 대출금리 부담에 따른 기업의 투자 감소 역시 경기에 안 좋은 영향을 미친다. 금리 인상이 결국 경기를 악화하는 요인으로 작용하는 것이다. 더군다나 금리 오름세가 물가 상승과 함께 가계의 소비 여력을 축소하는 요인으로 작용해 스태그플레이션 위험에 처한 경제에 악영향을 미칠 수 있다는 지적도 나오고 있다.

이때 정부는 금융권의 대출 관행 변경 및 부동산 대출을 축소하는 정책을 그 대안으로 내놓게 된다. 실제로 2007년 3월부터 은행들은 주택담보대출 심사에서 먼저 LTV를 적용해 최대 대출한도를 산출한 후 DTI와 기타 기준을 적용해 대출 가능 금액을 최종 결정하게 되었다. 이러한 대출 축소는 금리 인상 못지않게 부동산 투자를 감소시켜 부동산 가격 안정을 꾀할 수 있었다.

Action Plan 대출을 통해 주택을 구입하려면 LTV와 DTI를 알아야 한다

₩ 주택담보대출을 받을 때 LTV를 적용하는 것과 DTI를 적용하는 것 중 어느 것이 더 유리할까? 통상 LTV를 적용하면 DTI보다 더 많은 주택담보대출을 받을 수 있다. 하지만 LTV는 대출액을 부동산 가격으로 나눈 값이기 때문에 일정 수준 이상 부동산 가격이 하락하면 LTV가 올라가게 된다. 그래서 DTI보다 주택담보대출이 적어지는 상황도 발생할 수 있다. 결국 주택담보대출 금액은 줄어들고 은행들이 대출을 회수하게 되어 부동산의 가격 하락을 더욱 심화시키는 악순환을 유발한다. 앞으로 경제위기가 심화되고 부동산 가격이 더욱 하락하면 정부에서는 LTV와 DTI 한도를 높일 것이다. 대출을 통해 주택을 구입하고자 한다면 LTV와 DTI 한도가 상향 조정되고 난 후에 구입하는 것도 좋은 방법이다.

● LTV(Loan To Value ratio, 주택담보대출비율)이란?
집을 담보로 은행에서 돈을 빌릴 때 집의 자산가치를 얼마나 인정해주는지에 대한 비율이다. 소득과 상관없이 주택담보가치만으로 대출한도를 정한다.

● DTI(Debt To Income ratio, 총부채상환비율)이란?
연간 총소득에서 주택담보대출의 연간 원리금 상환액과 기타 부채의 연간 이자 상환액을 합한 금액이 차지하는 비율이다. 돈을 얼마나 잘 갚을 수 있는지를 따져 대출한도를 정한다.

▶▶▶ 주유소 앞을 지날 때마다 인상이 저절로 구겨진다. 사은품으로 주는 휴지도 달갑지 않다. '기름 값이나 내리지!'라는 말이 목구멍까지 올라오지만 주유소가 무슨 잘못이랴.

미국과 이라크 사이의 분쟁 이후 상승세를 지속해오던 유가가 오일쇼크 수준으로 급등했다가 다시 떨어지고 있다. 그럼 이제 기름값 걱정은 덜 수 있을까? 그러나 최근 국제유가가 다소 안정을 찾아가고 있다 하더라도 국내 유가는 생각보다 떨어지는 정도가 사람들의 성에 차지 않는다. 갈수록 서민들의 주머니는 팍팍해지는데 자동차를 운전하기도, 겨울나기도 부담스럽다.

국제유가와 부동산, 얼핏 보면 무슨 상관일까도 싶다. 하지만 국제유가는 대부분의 원자재 가격에 영향을 미치니 부동산에도 영향을 미칠 것이 분명하다. 더군다나 부동산 가격이 그야말로 '한두 푼'이 아니어서 오일쇼크라도 일어나는 날에는 예전같이 부동산으로 대박이 나거나 쪽박을 찰, 그야말로 지옥과 천당의 문 앞에서 희비가 엇갈리는 상황이 발생할지도 모른다.

가뜩이나 국내 부동산 정책의 혼선이 빚어지다보니 예측할 수 없는 부동산 시장이다. 거기에다 국제유가의 흐름 또한 시장에 영향을 미친다는 분석은 '자산 불리기'가 아니라 '자산 지키기'의 서바이벌 게임으로 몰아가고 있다.

'1차 오일쇼크'와 부동산 시장의 변화

1971년은 부동산시장이 '강남시대'를 열게 된 해이다. 주택공사가 한강을 매립하여 반포지구에 '남서울 아파트'라는 30평형과 42평형 아파트를 분양하였다. 하지만 그 당시만 해도 교통이 불편하고 주거환경이 좋지 않아 분양이 잘 안 되었다.

미분양 문제는 1973년 철근 파동으로 인해 일시에 해결된다. 철근 값이 35%나 오르자 목재, 시멘트 등 원자재 값도 덩달아 상승한 것이다. 인건비까지 오르는 통에 아파트 가격은 자연스레 상승세를 탔다. 계속되는 아파트 가격의 상승은 사람들에게 아파트가 재테크 수단으로서의 가치를 가질 수 있다는 생각을 심어주었다. 덕분에 신규분양아파트는 절찬리에 분양이 이루어졌다.

그러나 1974년 이후 발생한 1차 오일쇼크로 인해 소비자물가가 연 25% 급등하고 경제성장률은 5.9~7.2%로 하락하는 스테그플레이션을 겪게 된다. 부동산 가격도 1974년에는 10%, 1975년에 15% 이상 하락하게 된다. 이후 1975년을 바닥으로 하여 부동산 시장은 급속도로 회복되기 시작하고, 1976년에는 5% 가까이 가격이 상승하기에 이른다.

지속적인 물가급등은 현금을 은행에 예치하는 대신 부동산 같은 실물자산에 투자하겠다는 실물자산 선호로 이어졌다. 실물자산 가치가 은행 금리보다 높았기 때문이다. 이처럼 부동산에 대한 투자가 증가하자 자연스레 부동산의 가격은 상승세를 타기 시작했다.

'2차 오일쇼크'로 부동산 시장의 법칙을 발견하다?

1979년 실물경기가 침체된 상황에서 2차 오일쇼크가 발생했다. 불황기에 발생한 오일쇼크는 다시 고물가와 저성장이라는 스태그플레이션을 가져왔다. 이는 경기침체를 더욱 가속시키게 되고, 부동산 시장에도 크게 영향을 미친다. 13%까지 떨어진 부동산 가격은 3년 동안 하락세를 지속했다.

당시 아파트 시장을 선도하던 여의도 아파트만 평당 100~120만 원을 유지했을 뿐 대부분의 아파트는 가격이 하락하고, 심지어 거래가 실종되는 상황이었다. '불황 속의 석유 가격 상승'이 부동산 시장의 침체를 가져온 것이다.

스태그플레이션의 또 다른 측면은 물가 상승이다. 제2차 오일쇼크의 영향으로 정부는 원유 가격을 59.43% 인상했고, 이어 6개월 만에 또다시 원유 가격을 59.4% 추가 인상했다. 이러한 국제 유가 폭등은 물가 상승으로 이어졌다. 엎친 데 덮친 격으로 1980년이 되자 정부는 환율을 인상하고 금리도 연 24%로 인상하게 된다.

1983년 지속적인 물가 상승은 부동산 수요를 부추긴다. 물가 상승과 맞물려 부동산 가격이 상승하리라는 기대가 환물심리를 부추긴 것이다. 실제로 당시 인기 지역의 분양가가 150만 원을 넘어서는 등 약 15%의 부동산 가격 상승이 이루어졌다.

결국 1차, 2차 오일쇼크는 쇼크 당시의 경기 침체 상황에서 부동산 가격 하락을 가져왔지만 결과적으로 물가 상승을 통한 부동산 가격의 상승을 불러오게 되었다.

지금은 글로벌 경기에 더 주목하라

우리나라는 얼마 전까지 연일 치솟는 유가에 '3차 오일쇼크'를 걱정해야 했다. 그런데 글로벌 시장은 국제 유가와 원자재 가격이 최고점 대비 약 50% 폭락하고 경기침체와 물가 하락이라는 디플레이션을 걱정하는 상황이다. 그렇다면 글로벌 경기를 무시한 채 지난 1, 2차 오일쇼크의 법칙(?)에 따라 우리나라만 계속 물가가 오르리라 예상하고 부동산 투자에 주목해야 한다는 말인가?

1, 2차 오일쇼크 이후 물가 상승은 글로벌 시장의 경기 환경보다는 국지적인 경기에 더 민감하게 움직인 결과였다. 하지만 지금은 국내 경제 체질도 선진화되었고 국제적인 금융 환경과 경제 상황에 따라 국내 경제가 영향을 받는 글로벌 시대다. 우리나라만 물가가 상승하지는 않을 것이다. 국제 유가 같은 원자재 가격은 경기보다 3~6개월 선행하므로 조만간 국내시장 인플레이션이라는 말보다 국제 경제 환경에 따라

오히려 경기침체와 물가 하락을 걱정해야 할 시기가 올 것이다.

또한 시장에서 간과하지 말아야 할 것이 수요와 공급이다. 미분양 아파트가 10만 가구에 육박하는 지금 부동산 시장은 수요에 비해 공급이 넘치고 있다. 이러한 시장 상황에서 부동산 가격의 하락을 일시적인 현상으로 예견하고 지금이 투자의 적시라고 판단하는 것은 성급할 수 있다. 관심은 가지되 섣부른 판단은 금물이라는 말이다.

Action Plan 디플레이션 시대, 부동산도 소득공제받자

₩ 부동산으로도 소득공제를 받을 수 있다. 직장인의 경우에 소득공제라고 하면 매년 바뀌는 제도로 인해 복잡하고 어렵게만 생각한다. 하지만 이제 부동산에 관련된 소득공제를 확실히 알고 디플레이션 시대에 가계에 보탬이 되도록 부동산 세테크를 해야 할 때다. 부동산에 대해 예금공제(청약저축·장기주택마련상품)와 대출공제(15년 이상 장기주택담보대출), 이사비용 등으로 연간 1,000만 원까지 소득공제를 받을 수 있다.

〈2008년 11월 현재 소득공제 한도〉

주택마련저축 공제	– 청약저축: 월 10만 원 한도, 납입액의 40% 범위에서 소득공제 – 장기주택마련 상품(저축, 펀드, 보험): 연간 불입액의 40%, 최고 300만 원 소득공제
주택담보대출 공제	– 보금자리론, 근로자서민주택구입자금대출, 시중은행의 담보대출 등 : 매년 내는 이자, 연간 최대 1,000만 원까지 소득공제(15년 이상 장기주택담보대출)
이사에 따른 공제	– 총 급여액 2,500만 원 이하: 무조건 100만 원 소득공제

* 총급여액 : 식대, 자가운전보조금 등 비과세 소득을 제외한 급여
* 맞벌이 부부의 경우에 중복 신청할 수 있음

조금만 공부하면
집값이 보인다

▶▶▶ '판단도 내 몫, 책임도 내 몫'일 수밖에 없는 것이 투자의 현실이다. 하루가 멀다 하고 쏟아지는 투자 관련 정보는 오히려 이러지도 저러지도 못하게 만들며 혼란만 가중시킨다. 연말이면 신문지상에 빠지지 않고 등장하는 것이 올해 부동산 결산, 내년 부동산 경기 전망이다. 하지만 이 역시 부동산 전문가의 견해를 낙관론과 비관론으로 대비해 나열하는 수준일 뿐 도움이 되지 않는다.

요즘 전문가로서 가장 많은 수난을 겪는 사람들이 증권 분야 애널리스트들이라고 한다. 나름대로 객관적인 사실에 근거해 정성적, 정량적 분석을 통한 시황 리포트와 추천 종목을 내놓지만 주변 평가는 냉랭하기 그지없다. 결국 "잘하면 술이 석 잔, 못하면 뺨이 석 대"라는 중매나 마찬가지다. 제아무리 훌륭한 분석을 해주어도 결과가 나쁘면 모든 공은 사라지고 만다. 그나마 중매쟁이는 뺨 석 대만 맞으면 그만이다. 모든 피해는 고스란히 당사자들에게 돌아온다. 투자도 마찬가지다. 모든 책임과 피해는 투자자 본인이 지게 된다. 결국 투자자 본인이 나름대로 경제 전반에 대한 판단기준을 세워보는 것이 최선의 공격이자 방어다.

"뭐가 이렇게 복잡하냐! 한 몇 년 묻어두면 시세 차익이 생기지 않나" 하는 사람이라면 부동산 투자에 덤비지 않는 편이 낫다. 부동산 시장도 증권투자와 마찬가지로 다양한 경기변동 변수와 철저한 수익분석, 투자전략 분석, 그리고 지난 결과에 근거한 부동산 선택만이 유일한 수익의 조건이 되는 시대다. 이러한 노력은 수시로 바뀌는 전문가들의 경기 전망이나 경제여건 등을 판단하는 중요한 기준점이 된다.

거래량을 알면 집값이 보인다

일반적으로 주식투자자는 주식거래에서 매도와 매수 등 각 시점에 따른 주식의 거래량을 확인하는 것이 기본 상식이다. 다시 말해 거래량이 많으면 전반적인 가격 상승을 예측할 수 있고, 거래량이 적으면 가격이 대체로 하락하리라 예상할 수 있다. 주식시장에서 거래량은 주식의 가격 상승과 하락의 변곡점과 같다. 부동산도 마찬가지다. 집값을 예측할 때 거래량은 주택가격이 상승하고 하락하는 기준이 된다.

거래량 이외에 부동산 경기의 일반적인 지표로 이용할 만한 데이터는 건축허가건수 또는 실제 착공건수 등을 들 수 있다. 이러한 지표는 대체로 현재의 부동산 경기가 장차 어떻게 진행될지를 보여준다.

주택 매매가를 예측 가능한 지표에 대한 정보는 다음의 경로를 통해 확인할 수 있다.

★ 국민은행에서 매달 발표하는 주택 가격 및 거래량 변화를 비교한다.

★ 각 구청 주택과나 건축과를 통해 매달 건축허가건수 등을 비교한다.

★ 법원통계월보를 통해 부동산 등기 건수를 확인한다.

★ 건설교통부에서 발표하는 각종 지표(청약자 가입자 수의 증감, 경기부양책, 경기진정책 등)를 통해 확인한다.

경제를 알면 집값이 보인다

"나무를 보지 말고 숲을 보라"는 말이 있다. 이 말은 부동산 투자에도 그대로 적용된다. 다시 말해서 정부의 정책 동향 및 거시 경제의 흐름을 읽을 수 있어야 한다.

민간 경제연구소의 결과에 따르면 IMF 외환위기 이후 집값은 경제성장률에 많은 영향을 받았다. 경제성장률이 하락하면 집값도 대부분 하락하는 경향을 나타낸다. 경제성장률과 더불어 실업률도 간접지표로 활용할 수 있다. 실업률이 높아져 전반적으로 실물경제가 침체하면 가계 소득에 영향을 미쳐 집값의 하락을 재촉하게 된다.

한편, 일반적인 부동산 포트폴리오**투자성, 안전성, 환금성** 구성에서 경쟁적 보완관계에 있는 증시에 관심을 기울일 필요가 있다. 연세대학교 서승환 교수와 삼성경제연구원 박재룡 연구위원 등은 1998년 이후 발표한 연구논문을 통해 "증시가 활기를 띠면 9개월 내지 1년 후에 부동산 값이 상승세를 나타냈지만 1997년 이후 증시와 부동산 시장은 시차 없이 비슷한 움직임을 보인다"고 했다. 증시가 활발하면 부동산 역시 활발하게 거래된다는 말이다.

　이처럼 경제를 알면 내 집 마련은 물론이거니와 부동산에 대한 이해와 수익 실현에 한 걸음 더 가까워질 수 있다.

전세금 비율로 집값을 예측한다

주택가격의 동향을 예측하는 지표로 매매가격 대비 전세금 비율이 있다. 전세금 비율이란, 전세금 비율이 낮을 경우에 일정 기간이 지나면 매매가가 오르고 높을 경우에 하락한다는 단순예측지표다.

　이론상 매매가격 대비 전세금 비율이 높은 지역은 교통과 환경이 상대적으로 좋고 환금성도 높은 주거 선호 지역이다. 그런데 실제로는 가격 상승의 기대가 낮고 세입자 비중이 높으며 서민층 아파트가 밀집한 서울 및 수도권 외곽 지역과 일부 지방이 전세금 비율이 높다. 전세금 비율로 집값을 예측하는 것은 현실성이 떨어지는 셈이다. 하지만 이웃 지역과 거주 환경에 차이가 없는데 전세금 비율이 낮다면 투자가치가 높아질 가망이 있으므로 집값을 예측하는 지표로 활용 가능하다.

최근 부동산 시세 추이

2008년 10월을 기점으로 부동산 가격은 하락세에 있다. 가을 이사철인데도 거래가 적고 부동산 정책 개편 방향에 따른 시세 변동을 관망하는 중이다. 최근 미분양 아파트의 상황은 더욱 심각하다. 예전에는 아파트 가격을 유지하기 위해 미분양이 나오더라도 가격조정은 가급적 하지

[2008년 아파트 시세 추이]

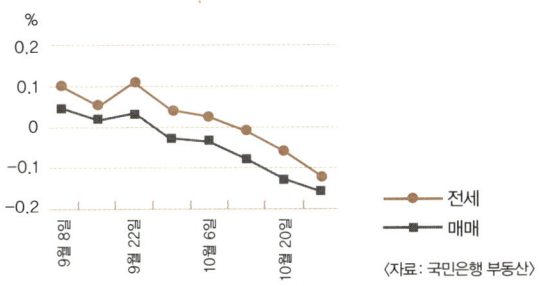

〈자료 : 국민은행 부동산〉

[전국 주택 시세 추이]

전월대비 매매가격 증감률

단위 : %

	연도별 동향			2008년 월별 동향						
	05년 9월	06년 9월	07년 9월	3월	4월	5월	6월	7월	8월	9월
전국	0.2	0.5	0.3	0.8	0.9	0.6	0.6	0.4	0.2	0.2
서울	0.4	0.8	0.4	1.4	1.6	0.8	0.7	0.4	0.2	0.2

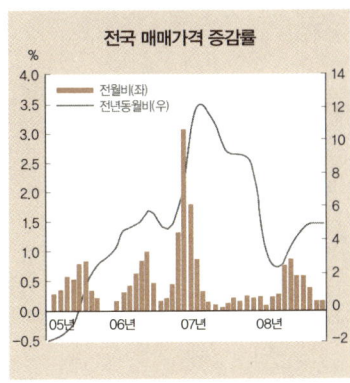

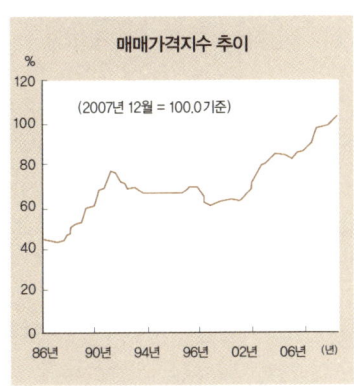

않았었다. 그러나 지금은 미분양 아파트 세일까지 공공연하게 이루어지고 있다. 글로벌 경제위기에 따른 부동산 시장의 침체와 서울의 버블세븐 지역 아파트의 급락 등 시장이 얼어붙고 있는 것이다.

Action Plan 부동산 관련 세금을 꼼꼼히 살피자

₩　　부동산은 가격이 만만치 않은 만큼 부과되는 각종 세금도 많다. 그 종류만 해도 취득세, 등록세, 농어촌특별세, 지방교육세, 재산세, 종합부동산세, 양도소득세 등 다양하다. 부동산 관련 세금은 크게 매입할 때의 취·등록세와 보유할 때의 재산세, 매도할 때의 양도소득세로 나눌 수 있다. 이 중에 부동산으로 재산을 증식하고자 하는 사람이 관심을 갖는 부분이 양도소득세다. 최근 부동산 관련법이 수시로 바뀌고 있으므로 주의 깊게 살펴봐야 한다.

〈2008년 11월 현재 부동산 관련 세금〉

매입할 때	– 취득세: 매입가의 1%
	– 등록세: 매입가의 1%
	– 교육세: 등록세액의 20%
	– 농어촌특별세: 등록세액의 10%
	– 중개수료: 매입가의 0.5%
	– 기타: 인지세, 증지, 국민주택채권, 법무사 수수료 등
보유할 때	– 재산세: 6억 원 이하 부동산 대상, 건축물 7월, 토지 9월에 두 번 낸다.
	– 종합부동산세: 6억 원 이상 부동산 대상, 12월에 낸다.
매도할 때	– 양도소득세: 1세대 1주택에 보유기간 3년 이상인 경우에 양도소득세 비과세
	– 서울, 과천 등 5대 신도시는 3년 이상 보유, 2년 이상 거주한 경우에 비과세 혜택
	– 1세대 1주택으로 비과세 대상이라도 6억 원 이상 고가 주택은 6억 초과 부분에 대해 일반세율로 과세

2009년 전세대란
일어날까?

▶▶▶ 전세 만기일이 다가오면 집주인의 전화가 두려워진다. 혹시라도 집을 비워달라면 어쩌나, 전세금을 올려달라면 어쩌나. 염려는 현실로 나타나고, 어렵게 모은 적금통장을 털며 내 집을 가지지 못한 설움을 뼈저리게 느끼기도 한다.

통계청 자료에 따르면 서울시 전체의 주택보급률은 90%를 넘었으나 자가보유율은 44.6%에 지나지 않는다. 결국 두 집 중 한 집은 집주인의 눈치를 보아야 하는 셋방살이를 한다는 말이다.

2009년 전세시장

다행히도 최근 몇 년간 이렇다 할 '전세대란'은 없었다. 2007년 전월세 시장은 2006년과 비교했을 때 거래가 현저히 줄었다. 가격상승률도 둔화되는 가운데 소형 주택만이 꾸준한 강세를 보였다. 신규 입주 물량이 많았던 송파구와 강동구, 화성 주변은 약세를 면치 못하는 등 지역적으로 심한 수급 불균형도 보였다.

2008년도 안정세를 보이는 가운데 중소형 주택을 중심으로 전셋값 상승이 예상되기도 했다. 부동산 시장이 얼어붙어 미분양 아파트가 속출하고 정부가 부동산 가격 안정에 무게를 두기 때문에 전국적으로 집값은 반등의 기미를 보이지 않았다. 매매가 기를 펴지 못하는 상황에서 전셋값은 오히려 상승할 것으로 예상할 수 있다. 하지만 입주 물량이 많은 지역은 오히려 떨어질 수도 있으니 큰 염려는 하지 않아도 된다.

집값 반등은 빠르면 2009년 하반기, 길게는 2010년에 바닥을 찍고 상승세를 보일 것으로 전망된다. 부동산은 정부의 부동산 정책이나 투자자들에 의해 좌우되는 실물경제로, 거시경제적인 측면에 가장 민감하게 영향을 받는다. 지금의 금융위기는 빠르면 2009년 상반기를 지나야 해소될 것으로 전망된다. 부동산처럼 경기침체에 민감한 실물경제는 더 늦은 2009년 하반기를 지나야 회복될 것이다.

2010년은 2년 전세계약을 다시 시작하는 짝수 해로서 전셋값 상승요인이 되지만 경기침체가 이어질 터라 전세대란은 예상되지 않는다. 넘치는 물량 공급으로 미분양은 여전히 문제로 상존한다는 점에서 봄 이사철까지는 오히려 보합이나 하락을 보일 것으로 판단된다. 그리고 가을 이사철이 되어야 완만한 상승세를 보일 듯하다.

이처럼 당분간 전세대란은 예상되지 않지만 내 집이 마련되는 그날까지 전셋값 상승에서 완전히 자유로운 것도 아니다. 아는 것은 분명히 힘이 된다. 당당하게 내 집으로 입성하는 그날까지 전세대란에서 자유로울 방법을 알아두자.

무엇이 전셋값을 오르게 만드는가?

▶ 1988년 주택임대차보호법 개정으로 임대차 기간이 2년으로 연장되었다. 덕분에 전세주택들의 재계약 건수가 짝수 해에 몰리는 현상이 발생했다. 집주인 입장에서 보면 2년 동안 전세금을 동결해야 하니 기회가 왔을 때 올리고 싶은 것은 당연하다. 이런 이유로 홀수 해에 비해 짝수 해에 전셋값이 상승할 것이라고 미리 예상해두어야 한다.

▶ *분양가상한제와 **청약가점제 시행으로 인해 좀더 저렴한 아파트를 기다리는 대기수요의 증가 또한 전셋값을 올리는 요인이 되었다.

▶ 재개발과 재건축 사업이 활발히 진행되면 이주 수요가 발생해 중소형 주택을 중심으로 전세가격이 상승하는 경향을 보인다.

*분양가상한제 정부가 민간건설업체의 아파트 분양가 산정에 직접 개입하는 것으로, 민간건설업체들이 신규 분양 아파트를 주변 시세에 비해 비싸게 팔면 그 영향으로 주변 집값이 들썩이고, 그에 따라 다시 신규 분양 아파트의 분양가가 올라가는 악순환을 막자는 취지다.

**청약가점제 건설회사가 아파트를 분양해 경쟁이 생길 때 명문화된 기준에 의해 산정된 점수가 높은 순으로 당첨자를 발표하는 것을 말한다.

오르는 전셋값에서 자유롭고 싶다

▶ 새로 전세를 구하거나 계약을 갱신하는 경우에는 '장기전세주택'에 관심을 가져보는 것이 좋다. 장기전세주택은 전셋값이 주변 시세의 80% 이하인데다 2년마다 재계약을 통해 최장 20년까지 살 수 있다는 장점이 있다. 갑작스러운 전셋값 인상이나 전세 기간 만료에 따른 이사 등을 걱정할 필요도 없다. 때문에 장기전세주택은 최근 경쟁률이 최고

44대 1에 이를 정도로 인기가 높다.

▶ 집주인이 전세금을 올릴 경우에 현재의 전세금에 맞춰 이사를 하는 경우가 적지 않다. 그런데 이때 한 가지 고려해야 할 것이 이사 비용과 부동산 중개수수료 등 '나가는 돈'이다. 보통 200만 원 정도의 이전비용을 각오해야 한다. 주인이 올려달라는 전세금은 사라지는 돈이 아니다. 이자를 받지 못하는 예금이라고 생각하면 된다. 전세 인상금의 2년치 이자와 이전 비용을 고려해 이익인 쪽을 선택하면 된다. 이사를 선택했다면 입주물량이 많은 쪽을 선택하면 좀더 저렴한 가격으로 집을 구할 수 있다.

▶ 정부에서는 전월세주택 주민의 주거불안 해소와 안정적인 주거생활을 위해 전월세지원센터를 운영한다. 전월세지원센터에서는 전월세 매물 및 시세 정보, 법률상담, 법률 판례 해설, 금융상담 등 종합서비스 이용이 24시간 가능하므로 많은 도움을 받을 수 있다.

▶ 부족한 전세자금은 국민주택기금대출로 도움을 받자. 연봉이 3,000만 원 이하인 경우라면 국민주택기금의 근로자 서민 전세자금대출을 고려해보는 게 좋다. 특히 주택금융공사에서 주택보증서를 받을 경우에는 연 4.5%의 금리로 6,000만 원 이내에서 전세금의 70%까지 받을 수 있다. 예비신혼부부는 배우자를 연대보증인으로 세워 5,000만 원까

지 전세금의 70%를 마련할 수 있다.

연봉이 3,000만 원 이상이라면 우리은행이나 국민은행 등 제1금융권에서 전세자금의 70%, 연소득의 2배 이내에서 개인 신용도에 따라 8% 선의 금리로 대출 받을 수 있다. 이외에 저축은행 같은 제2금융권이나 보험사도 전세금을 대출해주지만 금리가 제1금융권보다 최소 1% 이상 비싸다.

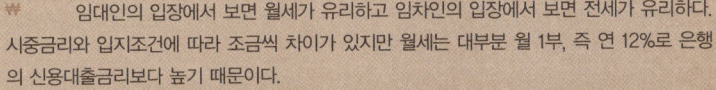

Action Plan 월세 보다는 전세가 낫다

₩   임대인의 입장에서 보면 월세가 유리하고 임차인의 입장에서 보면 전세가 유리하다. 시중금리와 입지조건에 따라 조금씩 차이가 있지만 월세는 대부분 월 1부, 즉 연 12%로 은행의 신용대출금리보다 높기 때문이다.
고금리 시대에는 월세가 월 1.5부, 즉 연 18%로 적용되기도 했다. 월세는 그만큼 시중금리에 민감하다. 현재 월세를 내고 있다면 금리가 저렴한 근로자 서민 전세자금대출을 이용하거나 주택 규모를 줄여 월세의 비율을 줄여야 한다.

월세와 전세보증금 계산은 다음과 같이 한다.

월세를 전세보증금으로 : 월세÷금리×12개월
예1) 월세 50만 원, 금리 12%
50만 원÷12%×12개월 = 전세보증금 5,000만 원

전세보증금을 월세로 계산 : 전세보증금×금리÷12개월
예2) 전세보증금 5,000만 원, 금리 12%
5,000만 원×12개월÷12% = 월세 50만 원

▶▶▶ 돈은 없어도 걱정, 있어도 걱정이다. 돈이 있으면 뭐가 걱정이냐고 하겠지만 돈 가진 사람들에게 물어보아라. 경제위기에 내 돈을 지키기란 결코 쉽지 않다. 치솟는 물가와 환율 때문에 자고 일어나면 돈주머니가 줄어드는 세상이다.

경기가 좋지 않다는데 투자를 해야 하는가, 말아야 하는가. 한다면 어디에 해야 하는가. 마땅한 투자처 없이 시중에 넘치는 유동자금이 무려 350조 원 이상이라고 한다.

부동산도 마찬가지다. 관망을 주장하는 사람, 지금 사도 좋다는 사람, 무리해서 집을 살 필요는 없다는 사람……. 집값이 오를라치면 마음은 더욱 조급해지고 갈팡질팡 어찌 해야 할 줄을 모르겠다. 섣불리 뛰어들었다가는 크게 잃기 십상이라 향후 정부의 부동산 정책, 금리 정책 등이 어찌 될지 많은 사람들이 촉각을 곤두세우고 있다.

하지만 어떤 선택도 책임은 온전히 자신의 몫이다. 부동산, 금리 등 정책적인 부분은 뒤로 하고 우선 스스로 해결 가능한 부분만이라도 진지하게 챙겨볼 필요가 있다.

경기변동기에는 가격의 하락폭이 상대적으로 적으면서 회복기에 곧바로 가격을 거뜬하게 회복할 만한 아파트, 불황기에 든든한 아파트를 찾는 것이 바로 그 답이다. 따라서 내 집 마련을 계획하는 실수요자들은 반드시 짚고 넘어가야 할 '아파트 제대로 고르기'를 통해, 불황에도 투자가치가 있는 아파트를 선택하는 요령을 알아두자.

반드시 모델하우스를 방문해 '효용격차지수'를 따져본다

모델하우스를 방문하는 사람들 중 대부분은 "우와, 멋지다!" 탄성만 연발하다 돌아온다. 하지만 모델하우스 방문에서 반드시 짚고 넘어가야 할 부분들이 있다. 마감자재, 플러스 또는 마이너스 옵션 문제, 각 공간**침실, 거실, 욕실 등**의 배치 등이 그것이다. 무엇보다 중요한 것은 바로 '단지 조감도'를 꼼꼼히 살피는 일이다. 투자가치 판단에 대한 해답이 단지 조감도의 여기저기에 꼭꼭 숨어 있기 때문이다.

최근 들어 아파트 가격을 결정하는 변수가 다양해지고 있다. 이에 따라 아파트의 분양가격을 차등적용하는 객관적인 방법이 보편화되는 형편이다. 이른바 '효용격차지수'다. '효용격차'란 입지여건에 따라 같은 단지, 같은 층과 동의 분양가에 차등을 두는 것을 말한다. 예를 들어 같은 단지 내 동일한 평형의 아파트일지라도 로열층, 비로열층 같은 층별 차이를 비롯해 남향, 동향 등의 방향 차이, 소음과 접근성, 조망, 일조, 프라이버시, 구조와 형태, 주차 공간, 건축년도 등이 직간접적으로 아파트의 구체적인 가격 결정 요인으로 작용한다.

따라서 모델하우스에 있는 조감도와 배치도를 놓고 방향을 분석하고, 현장을 방문해 인근 아파트와 상관관계를 잘 따져보면 자연스럽게 숨어 있는 투자가치를 찾아낼 수 있다. 층과 향이 좋고, 바로 옆에 공원이 위치한 아파트는 동일 단지, 동일 평형 내에서 가장 높은 가격을 형성할 것이다.

최종 가치평가는 반드시 현장에서 하라

모델하우스의 단지 조감도나 배치도는 해당 아파트 단지만을 부각시켜 다소 과장하는 측면이 있다. 예컨대 단지 주변을 녹지로 조성해놓은 경우, 대로에 연접해 과장하는 경우, 시원스러운 연못을 배치하는 경우 등이 바로 그것이다. 모델하우스에서 찾은 단지의 숨은 가치에 대한 최종 평가는 현장에서 마무리한다. 공사현장을 직접 방문하면 생각 외로 선택이 쉬워질 수 있기 때문이다. 부동산의 답은 언제나 현장에서 쉽게 찾을 수 있다는 사실을 간과해서는 안 된다.

내재가치를 비교하라

성공적인 부동산 투자는 트렌드의 변화를 읽는 데서 시작된다. 소득수준이 높아지면서 삶의 질을 높이는 요인들이 자연스럽게 아파트 값에 반영되고 있다. 예컨대 확 트인 한강이 내려다보이는 것을 원하는 사람들은 '억'을 더 주더라도 반드시 한강 조망권을 따진다.

편리한 교통여건, 단지규모의 차별성, 쾌적한 주거환경, 조망권 등 사람들이 아파트를 선택하는 제1조건이 단순한 가격비교에서 점차 '내재가치의 비교'로 옮겨 가고 있다. 그로 인해 동일한 아파트와 평형이라도 가격 차이가 나게 된다. 차별화 현상은 신규 분양시장뿐만 아니라 기존 주택시장에서도 광범위하게 나타난다.

또한 같은 동네 아파트라고 해도 학군에 따라 가치가 달라진다. 어느 학교에 배정되느냐에 따라 집값이 20~30%나 차이가 나는 것이다. 사려고 하는 아파트가 어느 중학교와 고등학교에 배정되는지 반드시 파악해야 한다.

당장의 시세차익은 크지 않더라도 살면서 편하고, 저렴하게 구할 수 있는 아파트를 선택하는 혜안이 필요하다. 예컨대 규모가 작다는 이유로 눈길을 못 받는 아파트가 있다. 하지만 인근 지역이 대규모 아파트 단지를 이루고 있다면 해당 아파트는 인근 지역 아파트와 생활 면에서 큰 차이가 없다. 눈치가 빠른 사람들은 이런 아파트에 주목한다. 아파트는 일정 시간이 지나면 지역적 내재가치에 의해 평가를 받아 인근 지역 아파트끼리 동일한 가격대를 형성하기 때문이다.

원하는 아파트를 마음속으로 선택해두어라

돈 없이도 쇼핑을 즐기는 사람들이 있다. 소위 말하는 아이쇼핑족이다. "그림의 떡을 바라보면 배만 고프지" 하는 사람은 결코 그들의 행복을 이해하지 못한다. 그들은 살 물건들을 미리 점찍고 시세를 파악한 후에 돈이 생기기만을 기다린다. 그리고 돈이 생긴 후에는 신속하게 행동으로 옮긴다.

아파트도 마찬가지다. 돈이 있든 없든 원하는 아파트를 마음속으로 미리 선택해두어야 한다. 이럴 경우에 많은 장점이 있다. 우선 선택한 아파트에 대한 시계열적인 가격 추이를 잘 파악할 수 있다. 가격의 변곡점이 생길 때마다 관련된 부동산 정책, 금리 정책, 주식시장, 은행 등을 챙겨 보면서 근본적인 원인을 나름대로 시뮬레이션해볼 수 있다. 그 결과 매수하는 시점, 즉 '타이밍'에 대한 객관적인 평가가 가능해진다.

이처럼 다양하게 분석하다 보면 가격 변화에 따른 원인과 결과를 나름대로 예측할 수 있다. 최저 가격 시점이거나 높은 가격이지만 한 번 더 반등할 만한 충분한 이유가 있다면 과감하게 아파트를 살 수도 있다. 목표를 정하고 집중해 연구하다 보면 웬만한 전문가보다 나은 통찰력을 갖게 된다.

미분양 브랜드 아파트를 노려라

같은 지역의 같은 평형 아파트라도 브랜드에 따라 수천만 원 이상의 가격 차이가 난다. 소위 말하는 '브랜드 파워'이다. 대형 건설업체의 마케팅 수단에 의해 아파트도 브랜드를 기준으로 선택하지 않으면 안 되는 시대가 되었다. 하지만 당분간은 아파트 브랜드파워와 상관없이 아파트 값이 크게 하락하는 경제위기가 이어질 것이다. 이런 경제위기에는 주변 시세보다 분양가가 저렴한 미분양 아파트를 노려볼 만하다. 이왕이면 발품을 팔아 브랜드가 있는 미분양 아파트를 사면 장기적으로 브랜드 파워의 혜택을 누리고, 단기적으로는 건설업체들의 금융혜택을 받게 되므로 가격 경쟁력을 충분히 높일 수 있다.

Action Plan 브랜드 아파트 인기 순위

W   어느 아파트에 사느냐에 따라 그의 사회, 문화, 정치, 경제적 신분을 평가받는 세상이다. 그래서인지 날이 갈수록 브랜드 아파트의 가치는 커져만 간다. 귀에 익은 아파트의 브랜드만 손꼽아도 힐스테이트, 푸르지오, 자이, 래미안, e-편한세상, 롯데캐슬 등 수도 없이 많다. 브랜드의 인기는 입지조건, 교육환경, 편리한 교통 등에 따라 다분히 주관적으로 평가된다. 건설업체의 텔레비전이나 신문 등 매스미디어를 이용한 마케팅도 한몫한다. 상위 브랜드 아파트의 경우에는 대부분 이러한 조건을 충족하므로 거주공간뿐만 아니라 투자로서도 가치를 인정받는다. 아파트를 선택할 때 현재의 인기 순위 정도는 확인하고 구입하는 것이 좋다.

다음은 브랜드 랭킹순위를 알아볼 수 있는 사이트이다.
100hot www.100hot.co.kr
건설워커 랭킹 www.worker.co.kr/corprank/ranking.asp

▶▶▶ 돈을 가진 사람이라면 주식, 부동산, 펀드 등 돈을 부풀려 줄 투자
처를 찾게 마련이다. 그런데 이러한 투자처들의 대부분은 단기투자로
큰 수익을 기대하기 힘들다. 전문가들이 길게 보는, 즉 '우직함'을 재테
크의 성공 요인 중 하나로 꼽는 것도 그 때문이다. 장기적인 안목은 당
장 눈앞의 작은 손해에도 '눈 질끈 감을 수 있는 대범함'을 요구하기도
한다.

훗날의 크고 맛난 열매도 좋지만 당장의 불안함과 목마름도 해소시
켜 주었으면 하는 게 사람의 마음이다. 그래서 투자자들의 눈을 끌고 있
는 곳이 바로 상가다. 매달 임대료 수익이 생기는데다 목이 좋고 투자
가치가 있는 곳을 잘 선택하면 '우직함'의 열매도 함께 맛볼 수 있다.

이런 상가는 반드시 잡아라!

▶ 역세권, 노점상 성업이 유동인구를 말해준다

지하철역이나 버스정류장 근처에 노점이 있는지를 살펴라. 있다면 일단 그 지역은 유동인구가 많고 장사가 되는 지역이라고 판단하면 된다. 유동인구는 상가를 선택할 때 중요한 기준이 된다.

▶ 개성으로 똘똘 뭉친 거리, 고객이 알아서 찾아온다

조망권과 볼거리, 패션 등 독특한 개성이 있는 거리의 상가는 그 가치 또한 높다. 이런 상가는 입소문을 타기 쉽고 그만큼 노출성이 더 뛰어나기 때문이다. 개성으로 똘똘 뭉친 거리라면 고객은 멀리서 찾아오는 수고도 충분히 감수한다.

▶ 고정 고객이 기본은 보장한다

대학, 대기업, 대형 교회 등이 자리 잡은 지역이 좋다. 고정 고객이 있는 지역의 상가는 안정성 측면에서 유리하다. 단골 확보만 잘하면 꾸준히 성업할 것이다.

▶ 상권이 형성된 지역의 근린상가에 관심을 가져라

안전성을 우선으로 하는 투자자들은 기본 상권이 형성된 아파트 단지 내 상가 및 각 지역 상권의 근린상가에 주목한다. 이는 부동산에 대한 투자경험이 적은 일반 수요자들도 이미 형성된 상권의 분석을 통해 자산가치 상승, 운용수익 등을 직접 검증할 수 있어 투자에 대해 안심할 수 있기 때문이다.

▶ 노른자위 상가는 절대 놓치지 마라

상가는 입지선정이 그 성패를 좌우한다고 해도 과언이 아니다. 아래의 조건들 중 하나라도 만족하는 상가라면 일단 위치상 노른자위라고 판단해도 된다.

★ 반경 2km 이내에 10층 이상의 대형 건물이 5개 이상 밀집해 있다.
★ 대규모 아파트나 주택 단지가 있어 고정 세대가 5,000세대 이상인 지역에 위치한다.
★ 지하철역에서 300m 이내이거나 버스정류장에서 100m 이내다.
★ 중·고등학교나 대학의 정문에서 500m 이내, 후문에서 300m 이내인 지역이다.
★ 반경 2km 이내에 은행 같은 금융기관, 스포츠센터, 대형 할인마트 등이 밀집해 있다.

아파트 상가 투자, 이것만은 꼭 확인하자

▶ 반드시 현장을 방문해 상권을 확인하라

흔히 아파트 단지 내 상가는 최소 500세대 이상이어야 하고 가구당 상가 면적 비율은 0.5평 미만이 좋다고 전문가들은 말한다. 물론 틀린 말은 아니다. 하지만 개략적인 숫자로 상가투자를 결정하기보다 직접 현장에 대한 충분한 조사를 마친 후에 결정해야 한다. 예컨대 대단지 아파트 내 상가라 할지라도 주변 상권이 잘 형성되어 그들과 경쟁해야 한다면 그다지 매력이 없다.

▶ 30평 이하 소형 아파트 상가를 잡아라

"넓은 평수일수록 돈주머니가 두둑하지 않을까" 하는 계산으로 넓은 평수 아파트 상가에 들어가면 낭패할 수도 있다. 30평대 이상에 거주하는 사람들의 소비성향을 보면 주로 백화점이나 대형 할인점에서 물건을 구매하는 경우가 많다. 반면, 소형 평형의 아파트 단지는 근거리에서 구매하는 경향이 높다는 점에 주목해야 한다.

▶ 단지 입구보다 주민 동선에 위치해야 한다

아파트를 설계할 때 아파트 배치 및 향을 우선 고려하고 그다음에 상가의 위치를 결정하기 때문에 주요 이동선이 아닌 곳에 상가가 위치한 경우가 많다. 그런데 주민 동선에 상가가 위치하지 않으면 주변에 다른 경쟁 상가가 생길 가능성이 높다.

▶ 지하층이 있는 상가는 가능한 한 피해라

최근에 짓는 상가는 지하층을 거의 짓지 않는다. 지하상가는 상가 활성화에 저해요소로 작용하기 때문이다.

상가투자, 그 허와 실

▶ 권리분석은 가장 필수적인 체크포인트

여느 부동산과 마찬가지로 상가 투자 시에도 가장 필수적인 부분은 역시 권리분석이다. 소유주와 등기부등본 관련 사항은 꼼꼼히 살펴야 하며, 확실하게 자신의 소유로 구분 등기할 수 있는 물건이 좋다. 특히 선분양 하는 상가의 경우는 분양계약을 체결한 이후 시공사의 부도, 인허가 문제로 구조의 변경 또는 취소, 부실공사로 완공 지연 등 여러 가지 문제가 발생해 낭패를 볼 수도 있으니 주의해야 한다.

▶ 투자대비 수익률의 적정성을 점검하라

투자 대비 예상수익은 어떠한지, 인근 상가와 비교하여 매매나 임대가격 수준은 적절한지, 기존 상가인 경우 매도인 또는 현 임차인이 제시하는 권리금이 타당한지 등을 면밀히 살펴볼 필요가 있다. 특히 예상수익이나 권리금의 근거는 확인이 어려운데다가 부풀려질 가능성이 크기 때문에 더욱 주의해야 한다. 임대 목적의 분양을 받을 경우에는 임대료와 은행금리의 관계를 따져봐야 한다. 또 대출을 받아 투자할 것이라면 금리 인상까지도 염두에 두고 투자 수익을 분석하도록 하자.

▶ 테마상가일수록 더욱 꼼꼼히 살펴라

"빛 좋은 개살구"라는 말이 있듯이 겉은 그럴듯한데 실속은 없는 상가가 있다. 특히 테마상가는 화려한 외양과 그럴싸한 광고 문구로 투자자의 판단을 흐린다. 테마상가는 개별 점포의 입지나 분양가도 중요하지만 시행업체의 상가 활성화 능력과 의지도 중요하다. 또한 공사기간이 최소 2년 이상 소요되므로 완공 후의 상권 변화에 대해 충분히 검토한 뒤에 분양 여부를 결정해야 한다.

▶ 청약경쟁률에 현혹되지 마라

상가투자는 생계형 투자를 제외하면 단기투자용 상품이 아니라는 사실을 기억해야 한다. 이전의 '묻지마 투자' 행태는 많이 사라졌지만 일부 투자자는 현장의 높은 청약경쟁률에 현혹되어 감당하기 힘든 가격을 제시하는 경우가 종종 있다. 상가투자의 경우에 제대로 투자하면 상당한 운용수익을 기대할 수 있다. 그러나 그러지 못하면 투자자금 잠식은 물론이거니와 상당 기간 자금이 묶이는 결과를 초래하게 된다.

▶ 거시적인 분석을 하라

현재 발전하고 있는 곳의 상권에 투자해야 한다. 좋은 상가가 나왔다고 생각되면 반경 1㎞ 정도는 충분히 분석해야 한다. 적어도 고정 인구와 가구 수, 구매력, 업종 분포, 교통, 유동인구 등은 분석해야 위험을 줄일 수 있다.

▶ 택지지구는 상업지역의 비율을 검토하라

신도시나 택지지구는 도시계획에 의해 아파트 지구 면적과 공원 면적, 학교 및 관공서 면적, 상업지역을 구분해놓았다. 상업지역 면적이 큰 택지지구 내 상가는 일단 공실이 날 가능성이 높으므로 주의해야 한다.

▶ 주요 동선에 가로로 길게 뻗은 상가를 선택하라

상가 전면이 좁고 안쪽이 긴 상가는 활용도가 떨어진다. 전면이 넓어야

전시효과를 충분히 살려 구매 욕구를 높일 수 있다.

▶ 시행사에서 직접 분양하는 상가를 선택하라

상가는 시행사가 통째로 매각하는 경우와 대행사에서 분양하는 경우가

있다. 시행사에서 직접 분양하는 상가를 매입하는 것이 유리하다.

Action Plan 상가임대차 보호법

₩　　상가임대차보호법은 2002년 12월 1일부터 제정된 특별법으로 경제적인 약자만을 따로 배려하기 위해 마련한 것이다. 따라서 상가임대차보호법을 적용받으려면 일정한 보증금 범위 내에 있어야 한다. 이러한 범위를 초과하면 민법상 임대차법의 적용을 받으며 최우선변제나 우선변제, 계약갱신 등의 보호를 받지 못한다.

임대차보호법의 임대차 기간은 5년이며 임대인은 매년 12%를 인상할 수 있다. 만약 계약기간이 2년이고, 임대차보호법에 의해 연장하고 싶다면 보증금 범위에 들어야 하며, 사업자등록을 신청하고 장사하는 상가라야 보호를 받는다. 또한 계약기간 만료 6개월 내지 1개월 사이에 갱신을 주장해야 하고, 남은 기간 매년 12% 인상된 임대료를 지불해야 한다.

〈상가건물 임대차보호법 보증금 범위〉

지역구분	보증금 범위
서울특별시	2억 4,000만 원 초과
수도권 중 과밀억제권역(서울 제외)	1억 9,000만 원 초과
광역시(인천광역시, 군 제외)	1억 5,000만 원 초과
그 밖의 지역	1억 4,000만 원 초과

경제위기, 토지 투자 비법 따로 있다!

▶▶▶ "돈이 돈을 번다"는 말이 있다. 돈이 있는 사람들은 그 돈으로 투자하고, 그 결과 돈이 돈을 번다고 할 정도의 큰 이익을 얻는다는 뜻이다. 그렇다면 투자하는 모든 사람들이 돈을 버는가. 결코 그렇지 않다. 땅이든, 주식이든 투자를 통해 손해를 보았다는 사람, 심지어 왕창 날렸다는 사람도 있다. 결국 돈이 돈을 버는 것이 아니라 돈을 버는 사람들에게는 남과는 다른 '무엇'인가가 존재한다.

"그게 다 운 아닌가요?"라며 "큰 부자는 하늘이 내린다"고 말하는 사람도 있다. 물론 돈을 벌기 위해서는 어느 정도 운도 따라주어야 한다. 그런데 운이란 결코 그냥 오는 것이 아니다. 운도 그것을 좇는 사람에게나 온다. 부동산에 투자하며 정책의 흐름을 읽고, 변화를 읽고, 트렌드를 읽는 노력이 운을 부른다. 특히 경기가 불황일 때는 더더욱 이러한 노력이 필요하다.

부동산 규제가 강할수록 토지에 몰린다

부동산은 정책의 영향을 많이 받는 투자대상이다. 규제의 강도가 높아질수록 부동산 투자자들의 관심은 토지로 옮겨 간다. 상대적으로 규제가 약한 토지는 여전히 수익을 얻는 커다란 기회일 수 있기 때문이다. 단, 노하우가 많은 투자자라고 하더라도 토지에 투자할 때는 각별한 주의를 기울여야 한다.

▶ 관련 자료와 정보는 반드시 해당 관청에서 확인하라

부동산 업자나 주변 사람이 제공하는 개발계획 관련 자료들은 매수자가 직접 해당 관청이나 관련 정부부서에서 확인하자. 일부 전문 부동산 업자들은 개발계획을 확대하고 과장하거나 허위 사실에 근거하는 경우가 있으므로 유의해야 한다.

▶ 대출로 장기투자는 금물이다

토지는 환금성이 떨어진다. 즉, 주식이나 예금처럼 쉽게 처분할 수 있는 것이 아니다. 투자기간을 장기로 잡아야 한다. 토지에 타인의 자금을 조달하거나 대출 받은 자금으로 투자하는 것은 금물이다. 배보다 배꼽이 더 크다고 하듯이 투자이익보다 이자비용이 더 클 수 있다.

▶ 알고 덤비자. 맹목적인 투자는 무덤이 될 수 있다

단순히 가격 상승이 기대되어 맹목적으로 투자하는 것은 지양해야 한다. 자신이 투자하는 곳이 향후 어떤 방향으로 개발이 예정되어 있는지에 비추어 본인이 매입하는 토지를 어떻게 활용할지 구체적으로 구상한 후에 매입 여부를 결정하는 것이 좋다.

▶ 현장에 답이 있다

지적도와 등기부등본, 토지대장만을 근거로 토지에 투자하는 것은 금물이다. 토지를 매입하고자 하는 경우에는 반드시 현장답사를 통해 지적도와 일치하는지 여부를 확인하고, 매입하고자 하는 토지에 무허가 건축물, 묘지, 축사, 하천 등은 없는지 주변 입지를 확인해야 한다. 현지 부동산 전문가나 주민들에게 자문을 구해 확인하는 것도 좋다.

▶ 개발과 처분이 자유롭지 못한 땅은 매수를 자제하라

법률에 근거한 토지거래 허가지역 내 토지인 경우에는 본인이 희망하는 대로 개발하지 못하거나 향후 자유로이 처분하기 힘들다. 농지를 매입하는 경우에는 일정 요건을 갖추어야 하거나 매입규모에 제한이 있으므로 제한사항에 해당되는 경우는 가급적 피하는 것이 좋다.

▶ 확인된 개발지역으로 투자대상을 한정하라

개발계획으로 이미 가격이 크게 오른 곳보다는 지금은 별 볼일 없으나 개발을 마친 이후에 더욱 빛을 발할 만한 곳을 찾아 부지런히 발품을 팔아야 한다. 또 잠깐의 열기가 식으면 사라지는 불꽃같은 지역이 있을 수도 있다. 확인된 개발지역으로 투자대상을 한정하고, 지속적으로 현장 분위기와 거시 정책 등에 귀를 기울여 적절한 시점에 개발하거나 처분하도록 해야 한다.

▶ 토지이용계획이 용이한 지역이 안전하다

택지개발예정지구의 토지는 현재 이용도가 낮지만 보통 구획정리가 잘 되어 있어 나중에 이를 개발할 때 토지이용계획이 용이하다. 이러한 지역은 개발이익도 크다. 임야, 전, 답은 입지여건상 진입로를 확보하지 못하거나 주변에 높은 산이나 축사, 공원묘지, 공장 같은 시설이 있는 경우 피하도록 한다.

▶ 확인되지 않은 개발예정지는 리스크를 고려해야 한다

개발예정지는 투자 매력이 높다. 예정대로 개발만 된다면 투자 대비 높은 수익성을 기대할 수 있다. 그러나 소문만 돌고 확인되지 않은 개발예정지에 선뜻 투자했다가는 자칫 돈이 묶여버리는 위험이 있다. 또 개발예정지라 하더라도 정부가 특정목적 아래 수용할 경우 공시지가 등에 준해 보상하므로 투자금액의 상당부분을 손해 볼 수 있다. 이점을 유의해야 한다.

▶ 시가 추정이 어려운 땅은 매수를 자제하라

전문 부동산 업자가 특정지역의 땅을 대규모로 매입한 뒤 이를 잘게 쪼개 수십 명의 직원을 동원해 개미 투자자 등에게 판매하는 경우가 있다. 내막을 잘 모르는 개미투자자들은 이 지역에 뭔가 개발될 것이란 환상과 정확한 시가를 파악하기가 쉽지 않아서 아까운 돈만 날리는 최악의 경우도 발생할 수 있다. 특히 목적 부동산 주변에 형성된 지방 땅의 경우에는 시가추정이 더욱 어렵다. 그렇기 때문에 몇 배로 부풀려진 가격에 구입하는 경우가 있으므로 주의해야 한다.

Action Plan 투자정보를 담은 전화를 조심하라

₩ "○○지역에 시세보다 20~30% 정도 싼 토지가 있으니 100% 구입해도 좋다"는 개발업자나 컨설팅 업체의 전화를 받아본 경험이 있는지. 실제로 현장답사를 가보면 주변 시세보다 20~30% 정도 싸고 토지의 장래성, 안정성, 수익성 등이 좋다는 개발업자나 컨설팅 업체의 말에 현혹될 수밖에 없다. 그러나 시세보다 싸다는 그 가격은 투기꾼들이 1차로 지나간 후에 이미 몇 배 오른 가격이다. 이런 전화를 받으면 메모해두고 참고만 하자.
토지에 투자하기로 결심했다면 부지런히 발품을 팔아라. 개발업자나 컨설팅 업체가 권하는 땅보다는 70% 이상 싸게 살 수 있다. 특히 토지를 둘러볼 때는 장기적인 시세 상승이 가능하고 거래도 비교적 쉽게 이루어지는, 정부정책에 따른 대형 개발 프로젝트 예정지를 눈여겨볼 필요가 있다.

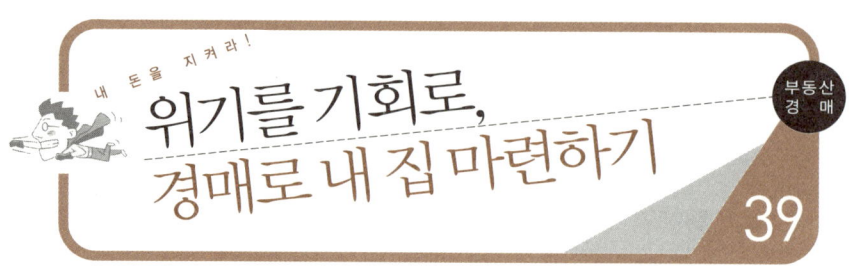

▶▶▶ 경매는 더 이상 전문가들만의 재테크 수단이 아니다. 경제위기에도 내 돈을 지키고, 나아가 더 큰 재산을 불릴 확실한 재테크 수단으로 서민들에게도 인기가 높아지고 있다. 또한 내 집 마련이 꿈인 서민들에게 경매는 좀더 저렴한 가격으로 집을 살 좋은 수단이기도 하다.

몇 년 전까지만 해도 법원경매는 서민들에게 생소하게 느껴졌다. 까다롭고 복잡한 경매절차, 경매브로커들의 난립, 낙찰 후 과연 집을 제대로 인도 받을지에 대한 염려 등으로 선뜻 시도하기 힘든 게 사실이었다. 하지만 2007년 7월 민사집행법이 제정되면서 까다롭고 복잡하던 절차들이 간소해졌고, 법원의 "내 집 마련은 법원경매로"라는 슬로건에 걸맞게 경매의 인기는 날로 높아져가고 있다.

법원경매의 인기 비결은?

아파트를 비롯한 주택을 경매로 낙찰 받을 때는 낙찰가가 공개되어 취득세를 비롯한 세금부담이 일반매매에 비해 크다는 단점이 있었다. 하지만 정부가 기준시가를 비롯한 과표를 인상하는 작업을 벌이면서 일반매매의 세금부담이 늘어나 경매와 그 격차가 줄었다.

경매가 진행되는 기간이 대폭 단축되었다는 것도 인기 비결 중 하나다. 새로운 민사집행법에 따르면 임차인과 채권자를 포함해 모든 이해관계자들이 항고할 때는 매각대금의 10%를 공탁금으로 내야 한다. 만일 항고가 기각되면 임차인과 채권자는 항고한 날로부터 기각 결정이 확정된 날까지 연 25%의 이자를 공제한 금액만 돌려받을 수 있다. 그 결과 무리하게 항고를 남발해 고의로 경매 진행을 지연시키는 일이 크게 줄었다.

게다가 투자자 입장에서 선택의 폭도 넓어졌다. 최근의 경기 부진으로 경매물건이 시장에 원활히 공급되고 있어 경매참가자가 물건을 선택할 폭이 넓어진 것이다.

준비하는 자가 위험도 줄인다

법원경매는 재테크 수단으로서 많은 장점이 있지만 초보자가 무턱대고 덤볐다가는 낭패를 볼 수 있다.

법원경매의 가장 큰 장점은 가격이 저렴하다는 데 있다. 최초 경매가에서 한 번 유찰될 때마다 20~30%가 가감되어 2~3회 유찰 시 시세의 절반가격으로 부동산을 매입할 수도 있다. 그러나 법원 경매 물건은 채권과 채무 관계가 복잡하게 얽혀 소유자의 의사와 상관없이 법원에서 강제 매각되는 물건이니만큼 소유자와 세입자의 명도 저항이 있을 가능성을 무시하기 힘들다. 이에 대한 충분한 대책을 세우고 입찰에 응해야 한다. 게다가 법원경매는 낙찰 후의 추가비용도 만만치 않다.

지금부터 법원경매 시 초보자가 꼭 알아두어야 할 사항을 좀더 자세히 살펴보자.

▶ 잔금은 1개월 내에 전액 지불해야 한다

경매는 매각 공고 후에 법원이 정한 최저입찰가격의 10%를 보증금으로 지불하고 입찰에 참여한 사람 중에서 최고 가격을 적은 사람에게 낙찰된다. 그리고 1개월 이내에 대금 전액을 지불하면 소유권 이전과 부동산 인도가 이루어진다.

일반적인 매매이면 자신이 기존에 살던 집을 처분한 돈으로 잔금을 치르면 되지만 경매는 이사하기 전에 대금 전액을 먼저 납부해야 한다. 말 그대로 현금을 쥐고 있어야 한다는 의미다. 물론 경락잔금 대출 등을 통해 납부하는 방법도 있다. 어쨌든 사전에 꼼꼼히 준비하지 않으면 낙찰을 받고도 대금을 치르지 못해 입찰보증금을 돌려받지 못하는 경우가 발생하므로 주의하자.

▶ 추가비용을 감안해 시세보다 최소 10% 싸게 입찰하라

경매는 생각하지도 못한 추가비용이 발생할 수 있다. 구체적으로 살펴보면 통상 낙찰가에 취득·등록세 2~3%, 명도비용 2%, 입주지연에 따른 손해 4~6%, 체납공과금·집수리비 1~2% 등 총 9~13%를 추가로 부담해야 한다. 또 이미 살고 있는 세입자를 내보내려면 합의금이나 이사비로 낙찰가의 2% 정도를 주는 것이 보통이다. 이를 고려한다면 시세보다 최소 10%는 싸게 입찰해야 한다. 더불어 집값 이외의 추가 자금을 준비해둘 필요가 있다.

▶ 권리분석은 법원경매의 첫걸음

권리분석은 법원경매 투자성공의 첫걸음이다. 주택의 경우에는 주택임대차보호법이 적용되어 경락인으로서 매우 큰 부담이 될 수 있다. 최선순위 저당보다 먼저 입주와 주민등록을 마친 세입자가 경락대금에서 배당을 일부 또는 전부를 못 받게 되는 경우에 임차보증금을 고스란히 경락인이 지불해야 한다.

▶ 현장답사는 필수! 발로 뛰어야 돈 번다

반드시 현장을 답사해 법원 공고나 입찰정보지의 정보와 일치하는지, 물건에 하자는 없는지 면밀히 분석해야 한다. 현장 방문 이전에 부동산등기부등본과 토지대장, 건축물대장, 토지이용계획확인원, 지적도, 임야도 등 필요서류를 발급 받아 사실이 일치하는지도 검토하자.

▶ 입찰장에서 사소한 실수는 금물이다

입찰서류의 미비 또는 기재 잘못, 입찰보증금 부족, 대리인 응찰 시 본인의 인감증명서 누락 등으로 입찰자격이 취소될 수도 있다. 입찰장에서 사소한 실수에 주의하고, 당일 법정에서 집행관의 안내를 주의 깊게 들은 후에 응찰해야 한다.

한편, 입찰 당일에 경쟁을 의식해 자칫 높은 가격을 써낼 수도 있다. 경매에는 좋은 물건들이 끊임없이 나온다는 마음으로 처음 계획한 가격 이상으로는 절대 써내서는 안 된다. 입찰장 분위기에 휩쓸려 나중에 후회하는 일이 없도록 하자.

▶ 보이지 않는 함정을 보라

등기부상의 권리는 등기부를 떼어보면 알 수 있다. 세입자의 전입 여부는 동사무소에 가서 확인해보면 알게 된다. 그러나 각종 부동산 서류를 통해서도 도저히 파악이 안 되는 것이 있다. 법정지상권, 분묘기지권, 유치권 등이 그런 것이다. 이는 권리의 순위에 상관없이 낙찰 이후에도 말소되지 않으며 경락인의 부담으로 남는다. 이러한 권리는 실사를 해야만 밝힐 수 있으며, 의심의 여지가 있을 때는 전문가에게 도움을 얻도록 한다.

▶ 경매절차 이해는 필수, 입주시점은 넉넉하게

경매는 변수가 매우 많다. 낙찰을 받고도 중간에 경매가 취소, 변경, 연기될 가능성이 충분히 있고, 세입자의 대위변제로 대항력이 없었던 세입자가 다시 대항력을 갖게 되어 경락인의 부담으로 남게 될지도 모른다. 특히 세입자의 항고, 명도소송, 강제집행 등으로 인해 경매절차가 짧게는 2~3개월, 길게는 1년까지도 지연된다.

모든 일이 순탄하게 될 것이라는 기대는 오히려 스트레스로 다가올 수 있다. 경매는 시가보다 싸게 부동산을 구입하는 득이 있는 대신에 의외의 추가비용, 입주시기의 불확실성 같은 실이 있음을 받아들여야 한다.

▶ 소유권이 완전히 넘어오기 전까지 방심은 금물이다

경매물건은 일반매매와 달리 대금을 납부하고 소유권을 넘겨받았다고 다 끝나는 것이 아니다. 법적 소유권을 취득했다고 안심하지 말고 최종적으로 집 열쇠까지 완전히 넘겨받아야만 완벽한 소유권을 행사할 수 있음에 유의해야 한다. 특히 잔금을 치르기 전에 낙찰의 기쁨에 겨워 마치 주인이 된 듯이 낙찰부동산을 마음대로 처리하거나 이해관계인들에게 함부로 접근하면 예기치 못한 낭패를 볼 수도 있다.

▶ 감정가보다는 현재 시세를 기준하라

법원감정가는 법원의 명령에 따라 감정평가사에서 산정한 최초 경매가격이다. 가격평가 이후 첫 입찰에 붙여지는 시간만 2~3개월 이상 걸리며 평균적으로 두 번 이상 유찰되는 경매물건 속성상 가격을 평가한 시점과 현재 시점의 가격 차이가 상당히 클 수 있다. 반드시 현재 시세를 정확히 조사하고 나서 입찰해야 한다.

적정 경매응찰가 산정방법

현재 세입자가 살고 있는 시가 1억 8,000만 원의 아파트 32평형을 경매로 구입할 때 적정 응찰가는 다음과 같다.

우선 일반매매로 산다면 매매가 1억 8,000만 원에 제세금 414만 원과 중개수수료 80만 원을 더해 총 1억 8,500만 원이 필요하다.

이를 경매로 구입하려면 세금 414만 원, 기존 입주자 이사비 500만 원 외에 입주지연에 따른 예상 손해액 500만 원, 중개수수료컨설팅수수료 300만 원 등 총 1,764만 원의 추가비용이 들어간다. 일반매매 시 추가비용 494만 원의 비용을 제외하면 비용은 1,270만 원이 더 들어가는 셈이다. 따라서 응찰가 상한선은 1억 6,730만 원, 적정 응찰가는 10% 정도의 이익을 고려한 1억 5,000만 원 선이다.

단위: 만원

구분	일반매매	경매
제세금(취득, 등록세 등)	414	414
세입자 이사비		500
입주지연 예상 손해액(3개월)		500
중개수수료(컨설팅수수료)	80	300
관리비 체납액		50
추가비용 합계	494	1,764
경매이익(응찰가의 10%)		1,500
매매시세	1억 8,000	
적정 응찰가 산정액		1억 5,230
응찰가 상한액		1억 6,730

위의 도표를 보면 좀 더 쉽게 일반매매와 경매 시 들어가는 비용의 차이를 알 수 있다. 경매로 아파트를 사는데 일반매매가에 비해 돈을 더 주고 살 수는 없다. 특히 제세금이나 예상 손해액 등을 고려하지 않고 일단 사고보자는 마음에 덜컥 입찰에 응했다가 터무니없는 비싼 가격에 낙찰되어 낭패를 보는 경우도 종종 있으니 주의해야 한다.

위기를 헤쳐 나가는
재테크 투자원칙

Part 4

내 돈을 지켜라!

금리 인상 시
재테크 10대 원칙

▶▶▶ 금리 인상에서 자유로운 사람이 얼마나 될까. 예금통장이 두둑한 사람이야 오르는 금리에 회심의 미소를 짓겠지만 대부분의 사람들은 금리 인상이 그다지 반갑지 않다. 딱히 대출금이 없는 가정이라고 해도 금리 인상에 따른 물가의 상승을 생각하면 월급봉투가 얄팍하게 느껴지는 것은 당연한 일이다.

지금과 같은 금리 인상 속에서도 내 돈을 지키고, 나아가 더 크게 부풀리는 10가지 원칙을 알아보자.

제1원칙 [목표수립] 구체적인 재테크 목적을 수립하라

재테크에 관심을 갖는 사람이라면 누구나 '구체적인 목표 수립'을 최우선해야 한다. 이것은 금리 인상이 예상되는 시점이나 저금리 상태에서도 마찬가지다. 왜 재테크가 필요한지에 대한 목표 수립은 앞으로 자산 운용전략을 정하는 기준이 된다.

제2원칙 [지피지기] 현재 나의 상황을 정확하게 파악하자

목표가 정해지고 나면 정확한 나의 상황을 파악하자. 현재 어떤 금융기관에 어떤 상품으로 투자하고 있는지, 대출은 어떻게 되는지 파악한 후에 금리 인상에 대비해야 한다.

제3원칙 [기본충실] 세금우대, 비과세 등 절세형 상품은 최대한 계속 이용하자

금리 인상이 예상되는 시점에도 비과세나 세금우대 등 절세형 상품에 대한 투자는 계속되어야 한다. 일반예금에 투자하면 15.4%의 이자소득세를 부담한다. 따라서 세금우대나 비과세 같은 절세형 상품에 투자함으로써 금리 1% 인상보다 더 큰 이익을 얻게 된다는 점을 명심해야 할 것이다.

제4원칙 [2%원칙] 금리 인상 예상에 따른 재테크 계획 전면 재조정은 손해다

금리가 오른다고 해서 고정금리인 예금을 변동금리로 갈아타기 하려는 경우가 많다. 그러나 실질적인 금리 인상의 혜택이 돌아오려면 2% 정도 금리 인상이 이루어져야 한다. 금리 인상이 이슈라고 해서 막연하게 행동하는 것은 오히려 손해일 수 있다.

제5원칙 [Leads] 고금리 변동금리의 대출부터 상환하라

금리 상승이 예상될 때는 변동금리인 대출이 문제일 수 있다. 다시 말해서 연 9%의 대출을 만기에 일시 상환하려면 예금금리는 연 10.78%가 되어야 한다. 당연히 대출부터 상환하는 게 우선이다.

제6원칙 [부화뇌동금물] 변동금리 대출을 고정금리로 바꾸지 마라

금리 상승이 예상된다고 막연하게 변동금리 대출을 고정금리 대출로 바꾸려는 경우가 많다. 그러면 담보설정비, 중도상환수수료 등을 부담해야 한다. 이러한 부담을 감안했을 때, 향후 금리가 1.5% 이상 오를 것이라고 예상되어야만 대출을 갈아타는 실질적인 효과가 나타난다. 섣부른 판단은 금물이다.

제7원칙 [흐름타기] 금리가 오를 때는 단기 상품을 공략하라

금리 상승이 예상되는 시점에 신규 투자를 생각한다면 단기 상품을 공략해야 한다. CD연동금리부 상품이 다른 상품에 비해 유리하므로 신규 투자에서 고려해보는 것도 좋다.

제8원칙 [위험보장] 최소한의 보험은 가입하라

어떤 상황에서든 만약에 대한 대비가 우선이다. 금리 상승기에는 투자 및 대출상환에도 신경이 쓰일 테지만 만약에 대비하는 최소한의 보험은 필수다. 소득의 7~9% 범위에서 보험에 가입하는 것이 적당하다.

제9원칙 [포트폴리오 우선] 분산투자를 하라

금리 인상이 예상된다고 무조건 고수익이 예상되는 금융상품에 집중할 필요는 없다. 안정성을 함께 고려해 위험리스크과 수익리턴을 적절히 분산하는 것이 좋다.

제10원칙 [시야확대] 여러 상품들을 비교해 투자하라

금리가 오른다고 해서 무턱대고 아무 금융상품에나 투자해서는 안 된다. 수재들 중에도 1등과 꼴등은 존재하게 마련이다. 금융상품에 대해 금리 등을 주도면밀하게 비교한 후에 상품투자를 고려해야 한다. 은행뿐만 아니라 투신, 제2금융권의 상품에도 눈을 돌릴 필요가 있다.

Action Plan 예·적금도 금리 추이에 따라 준비하자

₩　　금리에 따라 예·적금도 갈아타기를 잘해야 한다. 금리가 올라갈 때는 적금을 1년 만기로 가입하고 만기 후 저축액을 금리 추이에 따라 1~2년 동안 예금에 예치하면 단 1%라도 이자를 더 받을 수 있다. 반대로 금리가 장기 하락할 전망이라면 적금의 경우 장기일 때 우대금리를 더해주므로 기간을 늘려 저축하는 것이 유리하다.
현재의 경제침체는 단기간에 해결될 사안이 아니다. 지속적인 금리 인하 및 경기부양책이 필요한 시기이므로 1년 이하보다는 2년 이상으로 준비할 필요가 있다. 향후 비과세 및 세금우대 상품의 혜택을 축소하는 추세로 전개될 예정이니 이왕이면 비과세나 세금우대로 준비하는 것이 유리하다.

내 돈을 지켜라!

환율,
재테크 비법 따로 있다

▶▶▶ 오르기만 하는 환율도 불안하지만 오르락내리락 널뛰기를 하는 환율도 그리 반갑지는 않다. 달러 등의 외화를 직접 만질 일이 없다고 해서 환율에 무심할 수도 없다. 습관적으로 마시는 커피 한 잔에도 환율의 여파가 담겨 있기 때문이다. 피할 수 없다면 즐겨보자. 오르고 내리는 환율의 변동을 활용한 다양한 재테크 전략을 알아보자.

외화예금도 재테크하라

들어갈 때와 나올 때 돈이 다르다? 이는 비단 원화예금의 금리차익에만 적용되는 말이 아니다. 외화예금도 환율에 따라 들어갈 때의 돈과 나올 때의 돈이 달라진다. 게다가 환율은 한 달 사이에도 10% 이상 변할 수 있기 때문에 보통예금과 달리 최종 수익률이 엄청나게 달라진다.

이처럼 외화예금은 금리를 통한 수익률보다는 환율의 변동에 초점을 맞추어 투자하는 것이 바람직하다. 쌀 때 사서 비쌀 때 파는 환차익을 잘 활용하면 또 하나의 실속 있는 재테크가 된다.

▶ 외화예금, 누구나 가입 가능하다

일반적으로 외화예금이라고 하면 우리나라 돈 이외의 타국 화폐로 가입 가능한 예금을 말한다. 하지만 대개는 달러를 중심으로 이야기한다.

외화예금은 누구나 가입이 가능하다. 해외로부터 송금 받은 외화나 수출 대금으로 취득한 외화, 기타 여러 가지 사유로 취득한 외화를 입금할 수 있다. 원화는 입금이 안 되므로 외화로 바꾸어 입금하면 된다. 출금시에도 외화로 자유롭게 인출해 사용할 수 있다.

▶ 입출금의 최고 한도에 제한이 없다

IMF체제 이전에는 2만 달러 이상을 국내·외에서 송금을 받거나, 예금했던 외화를 원화로 찾지 않고 외화로 인출하는 경우 국세청에 통보되었다. 물론 세무상 불이익을 주기 위해서가 아니라 마약 등과 관련된 음성적인 자금의 불법 거래를 차단하겠다는 목적이었다. 하지만 외환거래자유화 이후 금액에 대한 제한 없이 수시로 입금이 가능하다.

▶ 은행도 꼼꼼하게 점검하라

국내 대부분의 시중은행이 외화예금을 판매하므로 도장과 신분증만 가져가면 보통예금처럼 손쉽게 외화예금에 가입할 수 있다. 이때 각 은행별로 상품의 종류와 서비스가 다르기 때문에 자신에게 맞는 은행을 선택할 필요가 있다. 더군다나 외화예금은 예금자 보호 대상에서 제외되므로 반드시 우량은행을 선택해야 한다.

▶ 외화예금도 보통예금과 동일한 세금을 낸다

외화예금은 세금우대나 비과세 상품이 없다. 이자에 대해 모두 일반세율을 적용해 과세하며, 원화예금과 마찬가지로 다른 금융소득과 합해 연간 4,000만 원을 초과하면 금융소득종합과세 대상이 된다.

▶ 환전수수료도 무시 못 한다

단기간 운용할 목적으로 외화예금에 가입하지는 말자. 입금 시 원화를 외화로 교환하는 경우에 수수료를 지급해야 하며, 인출 할 때 외화를 원화로 교환하는 데 따른 수수료가 발생한다. 수수료는 입금과 인출 시를 합하여 원금의 2.0~3.0% 정도로 결코 적은 돈이 아니다.

▶ 외화예금도 상품의 종류에 따라 금리가 다르다

외화보통예금의 경우 은행에 따라 차이가 있으나 통상 금리가 1~2% 내외다. 정기예금은 7일부터 1년 기간을 두고 가입하는데, 기간에 따른 금리 차이는 크지 않은 편이다. 1주일이 5% 내외이고, 6개월~1년은 5~6%의 금리가 형성되고 있다.

▶ 환차손을 염두에 두어라

입금 시보다 환율이 내려가는 경우에는 환차손이 발생한다는 점을 염두에 두어야 한다. 이때는 원금을 손해 볼 수도 있다. 환율이 하락해 원화 강세가 지속되리라고 예상되면 보유 중인 달러화나 투자를 목적으로 가입한 달러화 외화예금의 비중을 서서히 줄여가야 한다. 환율 상승기라고 하더라도 포트폴리오에서 많은 금액을 배분하는 것은 리스크가 클 수 있다.

환율 상승기, 손실을 줄이는 것이 재테크이다

환율의 움직임을 가슴 졸이며 바라보는 사람들이 있다. 외국에 자녀를 유학 보내 정기적으로 송금을 해야 하는 경우라면 더더욱 그렇다. 이러한 달러 실수요자들은 환차익을 노리기보다 환차손을 줄이는 것이 환율을 이용한 재테크의 포인트이다.

▶ 달러 송금, 스피드가 생명이다

환율 상승기의 가장 기본적인 행동 수칙은 필요한 상대국 외화를 가능한 한 빨리 사는 것이다. 특히 유학생 자녀가 있다면 최대한 빨리 송금하라. 미국 등 달러화를 기본 통화로 쓰는 나라라면 달러화로 환전 가능한 원화의 금액이 계속 올라가기 때문이다. 장기간의 환율 상승이 예상된다면 몇 달치 자금을 한꺼번에 보내놓는 것도 좋다.

한편, 달러의 실수요자들이 환율 급상승에 따른 피해를 줄이기 위해서는 평소 환율 상황을 살피면서 외화를 분할매입해 외화예금통장에 입금해두는 것이 좋다.

▶ 해외여행을 위한 환전도 시기를 가려라

해외여행을 준비, 또는 다녀온 경우에도 대처해야 할 방향이 있다. 만약 여행을 준비 중이라면 가능한 한 빨리 달러화로 바꾸어라. 반대로 여행을 마치고 남은 외화가 있다면 가급적 천천히 원화로 바꾸자.

　여행 중 현지에서 물건을 산다면 신용카드보다 여행자수표를 쓰는 것이 유리하다. 신용카드를 쓰면 매입 시점이 아닌 가맹점의 청구 시점 3~4일 뒤 환율이 적용된다. 카드를 쓴 후 환율이 더 오르면 현찰이나 여행자 수표로 결재할 때보다 더 많은 돈을 지불해야 하는 것이다.

Action Plan 달러를 환전할 때도
코스트 애버리징 효과를 기대하자

W　경제위기로 원달러 환율의 변동폭이 8월 6.9원에서 9월 24.7원, 10월 60원대로 하루에도 급격한 상승과 하락을 반복하며 불안정한 상태다. 이렇게 환율의 변동폭이 클 때 출장, 여행, 유학 등으로 외화가 꼭 필요한 실수요자라면 달러도 분할매매를 해야 한다.
주식에만 꼭지가 있는 것이 아니다. 환율 변동성이 클 때 한꺼번에 달러를 사면 꼭지에 사게 되어 낭패를 볼지도 모른다. 마찬가지로 팔 때는 바닥이 될 수 있다. 달러를 살 때도 주식이나 펀드를 적립식으로 매입하듯이 코스트 애버리징 효과를 기대하고 분할매수해야 한다. 마찬가지로 팔 때도 분할매도를 해야 한다.

널뛰는 환율,
바로 알고 대처하자

▶▶▶ 최근 환율이 고삐 풀린 망아지처럼 종잡을 수가 없다. 2008년 9월에 1,200원대를 넘어 2004년 8월 13일 이후 4년 1개월 만에 최고치를 기록했다. 그러더니 어느덧 1,500원에 육박하는 상황까지 이르렀다. 이처럼 환율변동이 심해지는 원인은 무역수지 적자폭 확대, 우리나라에 투자했던 외국자본의 이탈 심화, 세계적인 금융시장 혼란 등으로 인한 외화 유동성의 부족으로 볼 수 있다.

외국에 자녀를 유학 보낸 부모들은 볼 때마다 올라가는 환율에 한숨만 깊어진다. 환율이 오른 만큼 더 많은 원화를 들여 외화를 사야 하는데 수입은 그대로이니 경제적 부담만 커지는 것이다.

일상에서 환율변동에 대처하는 지혜가 필요하다

환율이 갑자기 올랐다고 유학 보낸 자녀들의 생활비를 대책 없이 줄일 수는 없다. 일단 외국에 장기간 돈을 보내야 하는 사람이라면 환율의 상승기조를 잘 판단해야 한다. 당분간 상승기조가 유지될 것으로 판단된다면 미리 환전해 외화예금에 예치해두거나 송금을 앞당기는 방법도 고려해볼 필요가 있다.

해외에서 돈을 쓸 때도 환율변동을 살펴야 한다. 환율 상승이 예상될 때는 신용카드보다 현금이 낫다. 뜻하지 않은 비용을 줄일 수 있기 때문이다. 신용카드 사용액은 보통 한 달 정도 지나 원화로 환산해 결제되는데 그 사이 환율이 오르면 더 많은 돈을 지불해야 한다.

역외 펀드 투자, 환차손이 아니라 환차익을 노려라

중국, 러시아, 베트남 및 선진국 등의 역외펀드에 투자할 때에도 환율은 반드시 고려해야 한다. 역외펀드란 국내 투자자에게서 모은 자금을 달러나 외국통화로 바꿔 해외의 주식이나 채권에 투자하는 펀드를 말한다. 나중에 환매할 때는 반대로 외화를 원화로 교환하게 되는데, 이때 펀드 가입시점과 환매시점의 환율이 다르면 환차손익이 발생하게 된다. 경우에 따라서는 수익률이 좋더라도 환차손으로 인해 손실이 발생할 수 있다.

이를 방지하기 위해 일정 수수료를 내고 환헤지를 하면 해당 통화가치의 하락에 따른 손실이 제거되는 한편, 가치 상승에 따른 이익도 누릴 수 없게 된다. 그러나 요즘과 같이 달러화 대비 원화가치가 하락하는 상황이라면 오히려 환헤지를 안 하는 것이 더 유리하다. 그만큼 환차익을 올릴 수 있기 때문이다. 환헤지는 가입 여부에 따라 수익률에 커다란 영향을 미칠 가능성 있으므로 전문가의 판단에 맡기는 것이 좋다.

글로벌한 시각으로 환율의 변동을 예측하라

환율은 돈의 가치를 나타내는 지표 이상의 의미를 지닌다. 각국의 정치, 경제 등 세계 여러 나라의 모든 이해관계가 서로 민감하게 얽혀 화폐가치가 결정된다. 단지 숫자만 바라보고 있어서는 앞으로의 상황을 예측하기가 어렵다. 환율변동이 급격한 시기일수록 원인을 파악하기 위해서 다양하고 글로벌한 시각을 가져야 한다. 글을 읽을 때도 행간을 읽으라는 말이 있다. 환율변동의 이면에 어떤 배경이 있는지, 그리고 앞으로 어떻게 될지를 알려면 정치, 경제, 국제관계 등 다양한 변수와 흐름을 파악하고 고민해야 한다.

Action Plan 환율은 통화스와프(Exchange Swap)보다 실물경제를 봐야 한다?

통화스와프란 말 그대로 '화폐를 맞바꾸다', 또는 '화폐를 교환하다'로 해석하면 된다. 통화스와프를 하면 일정 기간 약정된 환율과 약정된 금액 내에서 우리나라 돈인 원화로 기축통화인 달러를 마음대로 쓸 수 있기 때문에 환율 안정 면에서 효과적이다.

하지만 한미 간 통화스와프가 6개월, IMF 통화스와프가 3개월이란 한시성이 있듯이 통화스와프로 지속적인 환율 안정을 기대하기는 어렵다. 환율변동은 실물경제의 추이를 봐야 한다. 우리나라 같은 수출 중심 경제는 글로벌 시장의 경기침체하에서 수출 감소와 금융위기 다음의 일자리 감소, 실업 증가, 가계소득 감소 등으로 이어지는 소비 둔화가 필연적으로 뒤따르므로 환율 상승의 요인이 환율 하락의 요인보다 훨씬 크다고 볼 수 있다.

환율 상승의 요인이 클 때 유학 등으로 단기 자금이 필요한 경우에는 환율에 다양하게 투자 가능한 적립식 외화통장을 이용하자. 장기적으로는 환율이 하락할 때 실적 개선이 예상되는 음식료, 철강, 항공, 전력, 정유 업체 등에 투자해야 한다.

위기를 헤쳐 나가는 재테크 투자원칙

금융위기에는 금에 투자하라

43

▶▶▶ 해마다 김장철이 돌아오면 '배추 값이 금값'이라는 말이 나온다. 그런데 요즘은 '금철'인가 싶을 정도로 하루가 멀다 하고 금값이 치솟고 있는 형편이다. 최근 경제가 불안해지면서 '안전자산'으로서 금의 전통적인 역할이 부각되고 있다. 게다가 환율이 급격히 상승하면서 금이 고수익 투자상품으로 주목받고 있다.

금에 투자하는 방법은 크게 세 가지다. 실물투자를 하거나, 은행에서 금 적립통장을 이용하거나, 금 관련 펀드에 투자하는 방법이다. 이 중 실물투자는 말 그대로 금을 직접 사서 보관하는 것을 말한다. 이 방법은 귀금속 상가를 찾아다니며 발품을 팔아야 하고, 보관하는 데 신경이 많이 쓰여 여간 귀찮은 게 아니다. 은행에서 금을 구입할 수도 있지만 부가세 10%를 내야 하기 때문에 직접투자보다는 대부분 간접투자를 선호하게 된다.

이번에는 간접투자의 장점과 단점, 그리고 주의사항을 살펴 보겠다.

국제 금값이 금융위기에 따라 요동을 쳤다?

국제 금값은 2008년 2월 베어스턴스 파산과 국제 유가의 지속적인 상승으로 인해 온스당 1,000달러까지 올랐다. 그리고 다시 온스당 750달러까지 지속적으로 하락하다가 2008년 9월에 리먼브라더스 파산에 따른 글로벌 금융위기로 다시 온스당 900달러 이상까지 올랐다. 그 후 미국과 유럽을 비롯해 구제금융 등의 적극적인 정책이 나오자 750달러 이하로 또다시 하락했다. 1년간의 이와 같은 추이를 살펴보면 국제 금값은 금융위기로 인해 투자심리가 가장 불안할 때 가장 많이 오른다는 사실을 알 수 있다.

과거 10여 년 동안 국제 금값은 온스당 300~400달러를 유지할 정도로 안정되었다. 하지만 경기침체에 대한 우려가 나온 2006년 4월 이후에 국제 금값은 온스당 600달러에서 700달러대를 유지하다가 2008년 2월 역사적인 고점을 찍었다. 향후 미국 경기가 계속 침체되더라도 국제 금값은 안정성을 지향하므로 온스당 600~800달러를 유지할 것이다. 하지만 베어스턴스나 리먼브라더스 파산 같은 금융 충격이 가해졌을 때 다시 역사적인 고점인 온스당 1,000달러까지 안 간다는 보장은 없다.

이렇게 국제 금값은 금융 충격에 민감하다. 앞으로 글로벌 금융위기가 해소되고 경기가 회복되더라도 과거 10여 년 동안 유지했던 온스당 300달러 시대는 다시 오지 않을 것이다. 세계 금 생산량의 한계로 인해 수요에 비해 공급이 부족한 상태이기 때문이다.

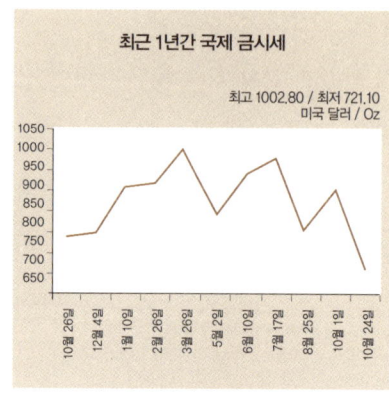

최근 1년간 국제 금시세

최고 1002.80 / 최저 721.10
미국 달러 / Oz

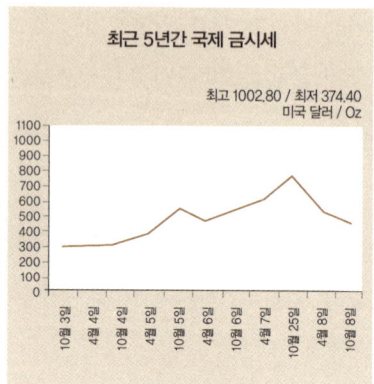

최근 5년간 국제 금시세

최고 1002.80 / 최저 374.40
미국 달러 / Oz

〈자료 : www.kitco.com〉

국제 금값이 떨어졌는데 왜 국내 금값은 상승하는가?

국내 금값 상승의 원인은 여러 가지다. 하지만 가장 크게는 원달러 환율이 급격하게 상승한 데에서 원인을 찾아야 한다. 국내 금 생산은 미미하기 때문에 시중에서 거래되는 금은 거의 수입이라고 보면 된다. 2007년 말 900달러대의 원달러 환율이 불과 1년여 만에 50% 이상 상승해 1,400달러를 넘나드니 국제 금값이 아무리 하락해도 국내 금값은 오를 수밖에 없다.

그렇다면 향후에도 국내 금값은 계속 오를 것인가? 물론 장담하기는 어렵다. 외국인의 주식, 채권 과매도를 비롯한 국내 금융시장의 불안이 계속되면 원달러 환율이 안정된다는 보장이 없다. 안전자산으로 금을 선호하는 수요가 계속 늘어나 국내 금값이 계속 오르게 된 글로벌 시장이 조금 안정되자 금값이 폭락해 온스당 700달러대에 머물고 있듯이 환율이 하락하면 금값도 하락세를 보일 것이다. 금투자는 국제 금값뿐만 아니라 국내 금융환경에 따른 원달러 환율에 의해 결정된다.

안정성을 중시한다면 금적립통장으로

금적립통장, 일명 골드뱅킹은 현금을 내면 시세에 해당하는 양만큼 금을 통장에 적립해주는 상품이다. 금 가격이 오르면 당연히 찾을 수 있는 금액도 늘어난다. 금 가격이 오르지 않더라도 원달러 환율이 오르면 그 금액이 늘어나기는 마찬가지다. 금 거래는 국제 금 가격을 기준으로 하기 때문이다.

은행의 금적립통장은 소액19 이상으로도 투자가 가능하고 부가세를 부담할 필요가 없어 인기를 얻고 있다. 정기예금과 동시에 가입하면 금리 우대 혜택을 주는 은행도 있다. 금 매매로 인한 차익에 대해서 비과세되며, 금융소득종합과세 대상에서 제외된다는 장점도 있다. 갑자기 돈이 필요해졌을 때 펀드와 달리 해당일자의 금 가격으로 즉시 해지 가능하다는 장점 또한 빼놓을 수 없다.

공격적인 투자는 금 관련 펀드로

지난 2004년 간접투자자산운용법이 통과된 이후로 다양한 실물자산 투자펀드가 시중에 출시되었다. 그중에 대표적인 것들이 부동산펀드, 선박펀드, 금펀드이다. 금 관련 펀드는 다시 두 종류로 나뉜다. 첫째는 금 관련 기업에 투자하는 펀드이고, 둘째는 금 실물과 관련된 지수를 추종하는 펀드이다. 금 실물에 어느 정도 투자하고 나머지를 지수에 투자하는 중간 형태의 펀드도 출시되어 있다.

금 관련 기업에 투자하는 펀드의 경우는 증시에 상장된 주식에 투자하기 때문에 금 가격의 변화와 함께 증시 수급에 따른 영향을 받는 경향이 있다. 이에 반해 금 관련 지수에 투자하는 펀드는 금 가격을 빠르게 반영한다는 장점이 있으나 그만큼 변동성도 크다는 점에 유의해야 한다.

안정성과 수익성을 동시에 만족한다는 점에서 금 관련 펀드가 각광을 받고 있다. 하지만 결국 경기의 변동이나 달러가치의 등락에 크게 영향을 받을지 모른다는 점을 생각하면 금 관련 펀드에 올인하는 것은 금물이다.

금 관련 펀드는 실물자산 펀드이고 당연히 원금이 보장되지 않는 투자형 상품이다. 게다가 우리나라는 이러한 펀드에 대한 운용능력이 선진국에 비하면 아직 턱없이 부족한 형편이다. 금 관련 펀드는 분산투자라는 관점에서 접근하는 것이 중요하기 때문에 자산의 10% 안팎을 적립식으로 투자하는 것이 적절하다. 많아도 그 비중이 20%를 넘어서는 안 될 것이다.

Action Plan 경기에 따른 금 관련 금융상품 고르는 요령

₩ 금 관련 금융상품에 투자하고 싶다면 은행이나 증권사를 찾아가면 된다. 은행에서는 금통장을, 증권사에서는 금펀드를 입맛에 따라 고를 수 있다.

그런데 경기에 따라 금 관련 금융상품을 고르는 요령이 있다. 불경기에는 경기부양책으로 원달러 환율이 상승하고 금값이 상승하므로 금통장과 지수 관련 금펀드에 투자해야 한다. 반면에 경기가 회복되는 시기에는 금광업 관련 기업도 수익성이 일반기업과 같이 좋아지므로 금광업 관련 펀드에 투자해야 한다.

다음은 국내에서 판매되고 있는 금 관련 금융상품이다.

대표적인 금통장	
신한은행	골드리슈 금적립통장, 골드리슈 골드테크 통장, 키즈앤틴즈 금적립통장
기업은행	윈 클래스 골드뱅킹
국민은행	KB골드투자통장

대표적인 금펀드	
금선물과 금ETF에 투자	
KB자산운용	KB골드파생상품클래스
미래에셋자산운용	미래에셋맵스 인덱스로 골드재간접자 투자신탁
금광업 관련 주식에 투자	
기은SG자산운용	골드마이닝주식자 클래스
블랙록	월드골드펀드(달러투자, 원화투자)

내 돈을 지켜라!

당장 시작하라!
자녀 교육비 재테크

▶▶▶ 대학등록금이 연간 1,000만 원을 넘어섰다. 게다가 사교육비는 물가상승률을 훨씬 웃돌고 있다. 그렇다고 금쪽같은 내 자식의 교육을 포기할 수도 없는 노릇이다. 결국 정답은 "조금 더 똑똑하게! 조금 더 야무지게!"다.

어차피 써야 할 때 쓰는 게 아니냐고 말하겠지만 계획이 있는 것과 없는 것은 그 결과가 매우 다르다. 무턱대고 아끼고 절약해 필요할 때 쓴다는 태도로는 "밑 빠진 독에 물 붓기"라는 말이 나오기 딱이다.

교육비는 아주 오랫동안, 그리고 끊임없이 지원해야 하는 돈이다 보니 가족 구성원 전체의 이해와 노력이 필수다. 자녀의 교육비를 좀더 효과적으로 마련하고 사용하기 위한 전략을 세워보자.

▶ 자녀와 함께 계획하라

자녀의 학원비나 과외비를 마련하기 위해 취업하거나 아르바이트를 하는 주부가 늘고 있다. 이처럼 부모는 교육비를 마련하느라 허리가 휘는

데 정작 돌아오는 것은 불만뿐인 경우가 많다. 이럴 때는 부모와 자식 간에 충분한 커뮤니케이션이 필요하다.

자녀에게 부모의 소득과 은퇴시기를 가르쳐주고 얼마만큼의 자금을 자녀들을 위해 쓰는 것이 적당한지 서로 토론하자. 정해진 교육비 예산 내에서 가장 효과적인 교육방식을 선택하는 것이 최선이다.

자식은 부모가 교육비를 부담하는 것을 감사하게 받아들여야 하며, 부모 또한 자식이 계획된 예산 안에서 열심히 공부해주는 것을 대견하게 생각해야 한다. 그래야만 최소의 교육비로 최대의 교육효과를 기대할 수 있다.

▶ 사교육비는 증감 곡선에 맞춰 장기계획을 세워라

현대경제연구소의 조사에 따르면 유치원에서 중학교까지 매월 부담하는 사교육비는 20만 원~40만 원이고, 고등학생은 40만 원~60만 원에 달한다고 한다. 고등학생의 경우에는 월 100만 원을 초과하는 비율이 20%에 가까웠다. 이 같은 교육비 지출은 고등학교 졸업 이후 눈덩이처럼 불어난다. 대학생 자녀는 1인당 등록금을 포함해 연간 1,850만 원이 지출된다고 한다. 이처럼 사교육비는 가계의 큰 부담이다.

사교육비는 그 증감 곡선에 맞춰 미리 계획을 세워두어야 한다. 유치원에서 고등학교까지의 사교육비는 가계 수입과 지출의 균형을 통해 해결하고, 보통 수입의 20%를 넘지 않도록 예산을 책정한다.

물론 초등학교나 중학교 등 비교적 적은 교육비가 드는 시점에는

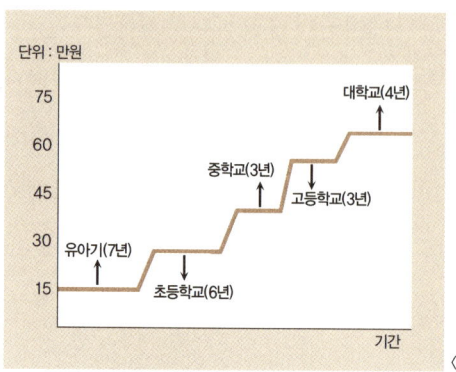

[시기별 월평균 교육비 추이]

단위 : 만원

대학교(4년)

중학교(3년)

고등학교(3년)

유아기(7년)

초등학교(6년)

기간

〈자료 : 통계청〉

20%보다 덜 써야 한다. 예산에서 남는 여유분은 갑자기 거액의 돈이 필요한 대학 입학, 대학원 진학, 유학 등을 위해서 꾸준히 준비해놓아야 한다.

▶ 지금 당장 시작하라

교육자금 준비는 빠를수록 좋다. 자녀가 아주 어릴 때부터 조금씩 준비해두면 나중에 큰 힘이 되기 때문이다. 예를 들어 자녀가 태어나자마자 최소한 5년 정도 조금씩 모은 돈을 계속 적립해 가면 고등학교를 진학하면서부터 가중되는 교육비 부담을 덜 수 있다.

교육비가 수입을 초과해버리면 카드대출 등이 발생하거나 가계의 재정균형에 빨간 불이 들어온다. 이는 스트레스와 경제적 부담이 되고, 심지어 가정의 행복까지도 위협할 수 있다.

▶ 자녀의 미래 계획에 따라 교육비 계획도 달라진다

자녀가 의사나 판사 또는 박사가 되고 싶어하면 교육비 설계도 달라져야 한다. 실업계 고등학교를 졸업하고 사회생활을 하겠다는 자녀와 대학입학 후에도 10년 이상을 공부하겠다는 자녀의 교육비 설계는 다를 수밖에 없다.

▶ 장기적으로 효과적인 금융상품을 활용한다

고액의 교육비를 위해서는 수익을 극대화할 수 있는 장기금융상품 활용이 필수다. 5년, 10년 후 대학에 진학하는 자녀의 교육비 마련을 위해 2년 만기 적금을 드는 것은 잘못되었다. 미리 기간을 계산하고 이에 맞는 상품을 선택해야 한다. 일반적으로 중장기적인 자녀 교육비 마련에는 장기주택마련펀드나 변액유니버셜보험 등이 최적이다.

Action Plan 대학교육비 마련은 지금 당장 시작하라

₩ 매년 대학등록금이 물가상승률의 2~3배를 넘어서는 지금 미리 준비를 해두지 않으면 정작 중요한 시기에 경제적 곤란을 겪을 수도 있다. 당장 10만 원이라도 자녀를 위해 투자해보자. 수익률 10%를 목표로 10년을 투자하면 2,100만 원이라는 목돈을 만들 수 있는 것이 장기투자다.

자녀의 대학입학이 10년 이내인 경우 – 장기주택마련상품
자녀의 대학입학이 10년 이후인 경우 – 변액유니버셜보험, 어린이 변액유니버셜보험
정부 학자금 대출 – www.studentloan.go.kr

내 돈 을 지 켜 라 !

여성이 꼭 가져야 할
필수 금융상품 Best 3

▶▶▶ "난 아무 것도 몰라요"는 더 이상 여성의 미덕이 아니다. 그저 순종하고 남자가 벌어주는 대로 살아야 하는 시대도 아니다. 모계사회, 여성상위시대라는 말을 굳이 들먹이지 않더라도 여성의 지위는 날이 갈수록 높아지고 있다.

재정적인 분야도 예외가 아니다. 여성의 경제 참여가 늘어나는 것은 물론이고, 여성이 가정의 경제권을 가지고 있는 비율도 점차 높아지고 있다. 그럼에도 불구하고 금융, 투자, 경제 분야를 매우 어렵게 생각하는 여성이 많은 것 또한 사실이다. 누가 주식이나 땅투기로 대박을 터트렸다는 이야기에 혹해 따라 하기 식의 재테크를 하거나 곗돈을 타기 위해 계에 가입하는 것 정도로 그치는 사람이 의외로 많다.

재테크에는 성차별이 없다. 오히려 여성이기 때문에 더욱 관심을 가지고 살펴봐야할 금융상품도 있다. 특히 여성이라면 필수적으로 보유해야 할 금융상품 세 가지에 주목할 필요가 있다.

본인 명의의 연금성 상품은 필수다

여성에게 가장 중요하고 필수적인 금융상품은 뭐니 뭐니 해도 연금 상품이다. 통계청의 발표에 따르면 여성의 평균수명이 남성보다 7.2년 더 길다고 한다. 결국 남편과 사별한 후에 혼자 살아가야 하는 기간이 평균 약 7년이라는 말이다. 모아놓은 재산이 있는지 여부와 무관하게 연금은 홀로된 여성에게 든든한 노후자금이 된다.

최근 은퇴 준비에 대한 중요성이 많이 강조되면서 연금을 통한 노후 준비는 기본으로 인식되고 있다. 하지만 보통은 남편 명의로 되어 있는 개인연금이 대부분이다. 이것은 명의자가 사망하면 배우자는 연금을 못 받거나, 사망 여부와 상관없이 특정 기간10년 혹은 20년을 지정해야 연금을 받기 하기 때문에 여성에게 불리하다. 국민연금도 마찬가지다. 명의자 사망 시 유족연금이 3분의 1 정도로 줄어들기 때문에 큰 도움이 되지 않는다.

따라서 여성 명의의 연금성 상품연금보험, 변액연금, 변액유니버셜, 연금신탁은 본인 명의의 국민연금이 없는 여성들에게 재정적인 안정뿐만 아니라 미래를 보장해주는 든든한 금융상품이다.

적은 돈을 단기간 활용하는 노하우

살림을 살다 보면 신용카드며 자동이체, 교육비 등 은행계좌를 자주 이용하게 된다. 그런데 연체를 걱정해서인지 보통 통장에 몇십만 원, 몇백만 원을 미리 넣어두는 경우가 많다. 보통예금은 이자가 0.3~0.4% 수준으로 거의 없다고 보면 된다. 이럴 경우에 적은 돈을 단기간 운용할 수 있는 MMF나 CMA를 개설해두는 것도 좋은 재테크 방법이다.

MMF^{Money Market Funds}는 투자신탁회사가 고객들의 자금을 모아 주로 기업어음, 양도성예금증서, 콜, 단기채 등 단기투자상품에 투자하는 펀드를 말한다. CMA^{Cash Management Account}는 고객이 예치한 자금을 우량한 어음이나 채권 등으로 운용해 그 수익을 고객에게 돌려주는 실적배당형 상품이다.

MMF나 CMA을 개설하면 인터넷뱅킹 수수료도 면제되기 때문에 공과금 등을 자동이체 날짜에 맞추어 지정 계좌로 이체하면 된다. MMF나 CMA 계좌를 유지하면 실적도 올라가서 일정 금액의 마이너스 통장을 개설할 수도 있다. 물론 대출을 받으라는 말은 아니다. 잠시 융통이 필요한 경우에 애써 모아둔 목돈을 깨는 일이 없도록 하자는 뜻이다. 단기간 투자이지만 부지런을 떠는 만큼 돈은 남게 된다.

의료비를 보장하는 의료 보장 상품에 가입하라

얼마 전 국민건강보험에서 발표된 자료에 의하면 우리나라 사람들의 평균 수명을 80세로 보았을 때 평생 쓰는 의료비 총액이 약 7,700만원에 달한다. 이중 50세 이후에 지출되는 의료비가 전체의 70%를 차지하는 것으로 나타났다. 이는 사망 시점이 가까워질수록 의료비 지출이 급증한다는 뜻인데, 아무래도 노화에 따른 질병 발생률이 높을 수밖에 없기 때문이다. 이러한 통계는 남성보다 평균 수명이 긴 여성들에게는 상당히 심각한 내용이라고 할 만 하다. 특히 별 다른 경제적 활동을 하지 않았던 전업주부일수록 배우자와 사별한 이후에 연금은 줄어들 것이 뻔하다. 그런데 본인의 의료비부담은 갈수록 늘어날 테니 난감한 상황이다.

다행히 최근에는 노령화 시대에 발맞추어 의료 보장 기간이 늘어나고 있는 추세이다. 그러므로 30대 이상의 여성이라면 지금부터라도 의료 보장 상품의 가입을 적극적으로 검토해야 한다.

Action Plan 여성은 여성 전용 상품을 이용하자

₩ 여성의 사회적 지위가 향상되면서 금융권에서는 여성을 위한 마케팅을 확대하고 있다. 여성은 여성만을 위한 금융상품을 이용하면 다양한 혜택을 누릴 수 있다.

국민은행	명품여성종합통장	현금인출기사고에 대비한 상해보험과 가계부 기능 제공
	명품여성자유예금	자기계발 여성에게 연 0.2% 우대금리 제공
하나은행	여우통장	수수료 면제 및 금리우대 서비스 제공
신한은행	탑스 레이디플랜 저축예금	결혼하거나 주택을 구입할 경우에 주택담보대출 금리 0.2% 우대
	홈앤스위트 예금	내 집 마련, 인테리어, 가사 관련 서비스 제공 공과금 자동이체 시 수수료 면제

▶▶▶ 돈은 손에 쥔 모래알처럼 아무리 움켜쥐어도 새어 나가게 마련이다. 불어나도 모자랄 마당에 자꾸만 새어나가는 돈을 잡기 위해 가계부를 쓰는 등 더욱 애를 써본다. 조금이라도 더 자산을 불리기 위해 재테크를 해보지만 낮은 수익률에, 이마저도 세금으로 나가는 돈이 있다면 얼마나 억울하겠는가. 조금만 더 신경 쓰면 이런 아까운 돈이 빠져나가는 것을 막을 수 있다.

해마다 수많은 금융상품이 쏟아져 나오니 도대체 어떤 상품에 가입해야 할지 고민이다. 이때 가장 기본적으로 생각해야 할 것이 바로 '절세'다. '세테크'는 '재테크'의 기본이란 말처럼 절세상품을 잘 활용하는 것이야말로 가장 기본이자 필수인 재테크 마인드이다.

절세상품은 세 가지로 나뉜다. 세금을 일부 줄여주는 세금우대 상품, 세금이 아예 없는 비과세 상품, 납입금에 대해 소득공제를 해주는 소득공제 상품이 그것이다.

절세상품 I '세금우대종합저축'을 찾아라

단적으로 말하자면 명시된 세금우대 상품은 없다. 정기예금, 정기적금, 상호부금, 적립식 펀드 등 저축상품에 가입할 때 모두 세금우대로 가입이 가능하다. 단, 전 금융상품을 합하여 1인당 2,000만 원2009년 이후에는 1,000만 원의 한도가 정해져 있다. 장애인이나 상이자, 만 60세 이상인 남성 또는 만 55세 이상인 여성은 6,000만 원2009년 이후에는 남녀 모두 60세 이상 3,000만 원까지 세금우대를 받는다. 이 상품은 비과세라기보다 저세율 상품이라고 할 수 있다. 원천징수 일반세율인 15.4%가 아니라 9.5%의 저율로 과세가 된다.

절세상품 II '비과세 상품'을 놓치지 마라

▶ 비과세 예탁금

농·수협, 새마을금고, 신용협동조합 등의 예탁금에 가입하면 2009년까지 가입분에 한해 2,000만 원까지 비과세 혜택을 받는다. 2010년부터는 5%, 2011년부터는 9%의 세율이 적용된다. 단, 농특세 1.4%는 별도 부과된다. 20세 미만 미성년자 가입은 2007년부터 제한되었다는 사실을 참고하자.

▶ 비과세 생계형 저축상품

정기 예금이나 적금, 투자상품 등 금융상품에 생계형 저축으로 가입하는 경우 이자소득에 대해 완전히 비과세된다. 생계형 저축은 만 60세 이상인 남성 또는 만 55세 이상인 여성이거나, 장애인, 국가유공상이자, 독립유공자와 그 유가족, 생활보호대상자, 고엽제 후유증 환자, 5.18 민주화운동 부상자에 한해 가입이 가능하다. 1인당 3,000만 원 한도 내에서 농특세를 포함해 전액 비과세 혜택을 받는다.

▶ 비과세 장기 저축성 보험

보험은 저축성 보험과 보장성 보험이 있다. 이 중 연금보험, 유니버셜보험 같은 저축성 보험은 만기 시에 원금과 이자 또는 배당 형식의 보험차익을 받게 된다. 보험차익도 금융소득이라고 할 수 있기 때문에 세금을 내야 한다. 하지만 10년 이상 가입한 장기 저축성 보험은 보험차익에 대해 전액 비과세 혜택을 받는다.

절세상품 Ⅲ '소득공제 상품'을 주목하라

▶ 보장성 보험과 연금저축 소득공제

근로소득자는 보장성 보험에 가입해 납입한 보험료에 대해 연간 100만 원 한도로 소득공제가 가능하다. 연금저축보험이나 연금저축펀드 같은 '세제적격 연금상품'에 가입하는 경우에는 연간 300만 원 한도로 소득공제를 받는다.

▶ 장기주택마련저축(펀드, 보험) 비과세와 소득공제

장기주택마련저축**펀드, 보험**은 재테크 전문가가 추천하는 절세상품의 대표선수라고 할 만하다. 만 18세 이상인 세대주로서 무주택자이거나 넓이 85㎡ 이하의 1주택을 소유한 세대주에 한해 대부분의 금융기관에서 판매하고 있다.

분기당 1만 원 이상 300만 원까지 가입 가능하며 기간은 보통 7년 이상 10년까지다. 가입 시 이자소득에 대해 전액 비과세되고, 300만 원 한도 내에서 연간 저축금액의 40%까지 소득공제 혜택을 받을 수 있다. 비과세는 7년 이상 가입해야 하며 소득공제 요건은 5년이다. 5년 이내에 중도해지하는 경우에 일반과세가 적용되며, 환급 받은 세금 또한 물어내야 한다.

알아두면 득이 되는 '근로소득공제법'

매년 연말정산을 하면서 근로소득공제를 받으려고 하지만 도통 헷갈리기만 한다. 각종 기준과 공제방법 등 여간해서는 한 번에 작성하기가 어렵다. 게다가 챙겨야할 영수증이나 각종 증빙자료를 준비하다보면 뭐가 빠졌는지도 모를 정도다. 게다가 근로소득공제 개편안은 너무 자주 바뀌어서 헷갈리기만 하다. 그러나 하나라도 놓치면 그만큼 손해를 보는 법! 꼼꼼하게 따져보고 최대한 공제를 받을 수 있도록 하자.

근로소득공제(법47 ①) ─ (자료: 국세청 홈페이지)

▶ 공제금액 (2004년 귀속분부터 적용)

총 급 여 액	근 로 소 득 공 제 금 액
500만 원 이하	총 급여액
500만 원 초과 1,500만 원 이하	500만 원 + 500만 원 초과액 × 50%
1,500만 원 초과	3,000만 원 이하 1,000만 원 + 1,500만 원 초과액 × 15%
3,000만 원 초과 4,500만 원 이하	1,225만 원 + 3,000만 원 초과액 × 10%
4,500만 원 초과	1,375만 원 + 4,500만 원 초과액 × 5%

- 총 급여액: 비과세 급여가 제외된 급여액
- 당해 연도의 급여 합계액이 공제액에 미달하는 경우 그 급여의 합계액을 공제한다.
- 일용근로자는 1일 8만 원을 공제한다.
- 계산 사례

- **총 급여액이 3,500만 원인 경우 근로소득공제 금액**
  ⇒ 1,225만 원 + (3,500만 원 − 3,000만 원) × 10% = 1,275만 원

- **총 급여액이 8,000만 원인 경우 근로소득공제 금액**
  ⇒ 1,375만 원 + (8,000만 원 − 4,500만 원) × 5% = 1,550만 원

▶ 공제대상 및 공제방법
- 모든 근로소득자가 공제대상이며 공제신청서나 증빙 없이도 공제한다.

▶ 공제대상 총 급여액의 범위

- 근로자가 받은 모든 급여에서 비과세 소득을 제외한 금액(원천징수영수
  증 란의 금액)

- 인정상여로 처분된 급여액도 2001년 귀속분부터는 공제 대상 금액에
  포함한다(법20 ①, 법47 ①, 법52 ①).

- 2인 이상으로부터 급여를 지급 받는 경우에 주된 근무지에서 합하여
  계산해야 한다.

- 근로기간이 1년 미만인 경우에도 월할 계산하지 않는다(통칙47-1).

Action Plan 장기주택마련상품을 준비하라!

　　장기주택마련상품은 2009년 12월까지 한시적으로 가입할 수 있다. 여러 개를 준비해
도 되므로 가급적 많이 가입하는 것이 효과적이다. 장기주택마련저축과 혼합형 장기주택마련
펀드, 주식형 장기주택마련펀드 등 세 가지를 모두 준비해두면 좋다.
이 상품은 연 300만 원 한도로 불입액의 40%만 소득공제를 해주므로 월 불입액이 62만 5천
원을 넘지 않도록 한다. 소득이 적다면 소득공제 혜택이 적으므로 각 상품마다 월 1만 원으로
적게 시작해 소득이 증가함에 따라 월 불입액을 62만 5천원까지 늘리는 것이 효과적이다. 단,
1년 이내 해지 시 8%의 중도해약추징세를 내야 하고, 5년 이내 해지 시 연도별 4%의 중도해
약추징세를 내야 한다. 5년 이내에 쓸 돈이라면 다시 한번 생각해보고 가입하자.

내 돈을 지켜라!

보험으로
세금 아끼기

▶▶▶ "세금은 우리가 문명사회에 사는 대가로 지불하는 것이다Taxes
are what we pay for a civilized society."

이는 미국의 국세청 출입문에 새겨진 문구다. 문명의 혜택을 누리기
위해서는 '문명 유지비'를 함께 부담해야 한다는 뜻이다. 좋은 말이지
만 누구도 세금을 많이 내는 것은 원하지 않는다. 언론에서 세금 인상이
니 세금 폭탄이니 하는 말이 나오면 마치 내가 열심히 일해서 번 돈을
눈 뜨고 도둑질당하는 기분이 들기도 한다.

그런데 내지 않아도 될 세금이 있다면 '탈세'가 아니라 '절세'의 지
혜를 발휘해야 한다. 재테크를 통해 절세를 함께 누리는 것은 재테크의
ABC나 마찬가지다. 특히 보험을 잘 활용하면 보험 본연의 목적인 위험
보장은 물론이고 세금도 절약할 수 있다.

보험으로 세금 아끼기 I "보험료 소득공제"

보험을 통해 세금을 아끼는 가장 손쉬운 방법은 '보험료 소득 공제'를

적극 활용하는 것이다. 소득공제가 되는 보험 상품의 활용은 재테크는 물론이고 세테크에서도 빼놓을 수 없는 주요 전략이다. 이 방법은 자영업자는 안 되고 근로자에게만 해당된다. 보험료 소득공제란 근로자 본인이나 가족이 보장성 보험에 가입했을 때, 연간 보험료 납입액 가운데 100만 원까지 경비로 인정해 연말정산 시 소득금액에서 공제해주는 제도다. 맞벌이 부부의 경우에 연간 200만 원까지 가능하다.

이렇게 소득공제를 받는 보험에는 어떤 것이 있는지 한번 살펴보자.

▶ 보장성 보험—적은 금액의 보험료를 내고 사망, 질병, 장해, 상해, 입원 등을 보장받는 건강 및 상해 관련 보험상품과 자동차 보험은 소득공제를 받는다.

▶ 저축성 보험—저축성 보험 가운데 보장 부분에 대한 보험료도 소득공제 대상에 포함된다. 보험료 소득공제를 받기 위해서는 연말정산 시 보험료 납입증명서를 첨부하면 된다.

▶ 개인연금보험과 퇴직연금—노후를 위해 가입하는 개인연금보험과 퇴직연금도 연말정산 시 소득공제 혜택을 받는다. 개인연금은 정부가 운영하는 공적연금인 국민연금과 달리 개인이 스스로 가입하는 연금상품이다. 퇴직연금 중 확정기여형DC형은 근로자가 부담한 부분에 대해서 소득공제 혜택을 준다. 소득공제 한도는 개인연금과 퇴직연금을 합쳐

연간 300만 원이다. 다만 개인연금은 중도해지할 경우에 기타 소득으로 간주되어 이자소득에 대해 20%의 세금을 내야 한다. 특히 5년 이내에 중도해지하면 연간 납입보험료 누계액**연 300만 원 한도**의 2%를 가산세로 부과하기 때문에 주의가 필요하다.

보험으로 세금 아끼기 II "이자소득세와 종합과세 면제"

보험을 통해 이자 소득세와 종합과세를 면제 받을 수 있는 방법도 있다. 저축성 보험에 가입 한 뒤 10년 이상 유지하면 이자 소득세**수령보험금-납입보험료**에 대한 면제를 받을 수 있을 뿐만 아니라 금융소득종합과세 대상에서 제외된다. 만약, 10년이 안 된 시점에서 자금이 필요하게 된 경우라면 해지하지 않고 중도인출을 이용하는 게 좋다. 그러면 납입보험료 이상의 금액을 찾아도 세금 문제가 발생하지 않는다.

세제비적격 연금보험은 10년 이상 가입하면 연금으로 받을 때 세금을 전혀 내지 않는 반면에 소득공제 혜택이 없다. 그래서 노후대비를 위해 연금을 이용할 경우에 우선 소득공제 혜택을 받는 세제적격 연금보험에 정기적으로 돈을 넣는 것이 좋다. 예를 들어 매달 25만 원으로 연간 300만 원씩 불입해 소득공제를 최대한 받도록 하고 나머지 여윳돈은 세제비적격 연금에 불입하는 게 바람직하다.

보험으로 세금 아끼기 III "상속세 면제"

보험을 통해 상속세를 줄이려면 보다 세심한 주의가 필요하다. 보험계약 시 보험계약자, 피보험자, 보험수익자를 어떻게 정하느냐에 따라 세금이 크게 달라지기 때문이다. 보험은 원칙적으로 보험료를 내는 사람인 '계약자'와 보험금을 타는 사람인 '수익자'가 같아야 세금이 없다. 만약 둘이 다르면 증여나 상속의 문제가 생긴다. 보험금은 피보험자의 생존 여부에 따라 생존보험금과 사망보험금으로 나뉘고 생존보험은 증여세, 사망보험금은 상속세의 대상이 된다.

▶ 생존보험금은 10년간 배우자의 경우 6억 원, 자녀는 3,000만 원**미성년자는 1,500만 원**까지 증여재산 공제한도를 인정한다. 이 한도 내에서만 세금이 없다. 주로 저축성 보험이나 연금보험이 해당된다.

▶ 종신보험이나 정기보험 등 사망보험에 가입했을 때 상속세를 면제받으려면 계약자와 수익자가 같아야 한다. 피보험자 본인이 계약자가 되면 피보험자 사망 시에 지급되는 사망보험금은 상속 재산이 된다. 따라서 상속용으로 종신보험을 활용하려면 반드시 계약자와 수익자를 동일인으로 하여 가입해야 한다.

▶ 상속으로 활용 가능한 보험상품으로 종신보험, 정기보험, 일시납 즉시연금보험 등이 있다. 종신보험은 피보험자가 사망하면 보험금을 지급하는 상품다. 정기보험은 종신보험과 같지만 10년, 20년 등 정해진 기간에만 보장을 받는다. 정해진 기간 내에 피보험자가 사망하지 않으

면 상속 목적을 달성할 수 없으므로 주의해야 된다.

일시납 즉시지급연금보험은 은퇴자나 퇴직자를 겨냥해 만든 상품이다. 목돈을 한꺼번에 보험사에 맡긴 뒤에 바로 다음 달부터 연금을 타는 상품으로 현재 상속형, 확정형, 종신형 세 가지가 판매되고 있다.

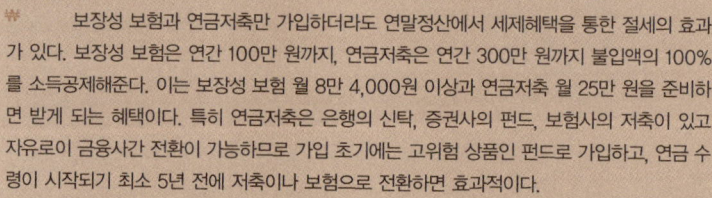

Action **Plan** **보험을 활용한 연말 재테크**

보장성 보험과 연금저축만 가입하더라도 연말정산에서 세제혜택을 통한 절세의 효과가 있다. 보장성 보험은 연간 100만 원까지, 연금저축은 연간 300만 원까지 불입액의 100%를 소득공제해준다. 이는 보장성 보험 월 8만 4,000원 이상과 연금저축 월 25만 원을 준비하면 받게 되는 혜택이다. 특히 연금저축은 은행의 신탁, 증권사의 펀드, 보험사의 저축이 있고 자유로이 금융사간 전환이 가능하므로 가입 초기에는 고위험 상품인 펀드로 가입하고, 연금 수령이 시작되기 최소 5년 전에 저축이나 보험으로 전환하면 효과적이다.

다음은 보장성 보험과 연금저축에 가입할 경우의 종합소득세 구간별 소득공제 혜택이다.

종합소득세 과세표준	세율 (주민세 포함)	연금저축 ①	보장성 보험 ②	절세효과 ③=①+②
1,200만 원 이하	8.8%	264,000원	88,000원	352,000원
1,200~4,600만 원	18.7%	561,000원	187,000원	748,000원
4,600~8,800만 원	28.6%	858,000원	286,000원	1,144,000원
8,800만 원 초과	38.5%	1,155,000원	385,000원	1,540,000원

* 보장성 보험 연 100만 원, 연금저축 연 300만 원 기준

미국을 보면
한국시장이 보인다

48

▶▶▶ "작은 나비의 날갯짓이 지구 반대편에 태풍을 불러올 수 있다."

이른바 이 '나비효과'는 경제에도 적용된다. 미국에서 시작된 금융위기가 전 세계를 공황에 빠뜨리는 것을 보더라도 알 수 있다. 특히 우리나라는 미국이 재채기를 하면 독감에 걸린다는 우스갯소리가 나올 정도로 미국 경제와 연관이 깊다. 다우지수가 올라가면 한국 증시는 춤을 추고, 다우지수가 내려가면 한국 증시는 초상집 분위기다.

이처럼 한국은 경제적으로 미국의 속국이라고 해도 과언이 아니다. 내수시장이 작고 수출주도형인 한국 경제는 미국의 소비에 따라 경제 여건이 좌지우지되기 때문이다. 따라서 한국 경제의 향방을 미리 예측하려면 미국의 현재를 알아야 한다. 단지 외신보도의 기사로 미국의 경제 상황을 볼 게 아니다. 미국의 경제 현실은 당장 나의 재테크에 영향을 끼치는 만큼 예의주시해야 한다. 정보와 상황을 제대로 읽을 줄 아는 것은 재테크의 기본이다.

항상 미국의 '현재진행형'에 주목하라

현재 미국 서민들은 휘발유와 각종 식품가격의 상승 등으로 '리세션경기침체 다이어트' 중이다. 생활비를 절약하기 위해 각종 생필품을 저렴한 것으로 대체하고 서비스도 가격이 저렴한 것으로 바꾸고 있다. 한마디로 지갑을 닫고 좀처럼 열지 않고 있다. 그런데 이런 '자린고비' 경제 형태로 바뀐 것은 불과 2년 안팎의 일이다.

지난 2006년 미국의 저축률은 −1.1%로 기록되었다. 돈을 쓰고 싶어 저축을 깨면서까지 소비를 했다는 뜻이다. 이는 부동산 가격 상승과 주식시장 활황으로 인한 '부의 효과' 때문에 가능했다. 소비를 많이 해도 자신이 보유한 자산의 가격이 상승하기 때문에 미래에 더 부자가 될 것이라고 생각한 것이다.

그런데 올라갈 것이라고만 생각했던 자산가격이 급락했고, 미국인들은 부동산 구입을 위한 은행 융자금의 이자조차 낼 수 없는 지경에 이르렀다. 현재 미국인들은 소비를 급속도로 줄이고 있으며, 미국의 소비 감소 현상은 1970년대 오일쇼크 이후 처음이다.

그동안 미국인들의 생활은 소비 중심이었으나 현재 어쩔 수 없이 지출을 줄이고 있는 실정이다. 생필품 가격의 급등, 주택 가격의 하락, 월급 인상률의 지지부진, 실직자 증가, 부진한 증시 등 어느 것 하나 경제의 청신호는 보이지 않는다. 그래서 미국 소비자들은 자신의 비만 체형 다이어트보다 더 혹독한 '경기침체 다이어트'가 불가피함을 절실히 느끼고 있다.

미국의 '경기침체 다이어트'는 '허리띠 졸라매기'의 시작

미국의 경제 현실이 한국에는 어떤 영향을 미칠까? 우리나라는 수출주도형 경제구조를 갖고 있다. 외국에서 원자재를 사와서 가공한 후, 완제품을 다시 해외에 팔아 돈을 버는 구조다. 세계 최대의 소비국인 미국이 소비를 줄이면 한국 기업의 실적은 낮아질 수밖에 없다. 아무리 만들어도 소비하는 사람의 지갑이 열리지 않는다는 뜻이다. 더 심각한 것은 최근 미국인들의 소비 감소가 예전과 다르다는 사실이다. 미국인들의 소비 추세가 과거와 다른 양상으로 흘러가는 징후가 곳곳에서 발견되고 있다. 실제 자료를 봐도 이와 같은 모습은 극명하게 드러난다.

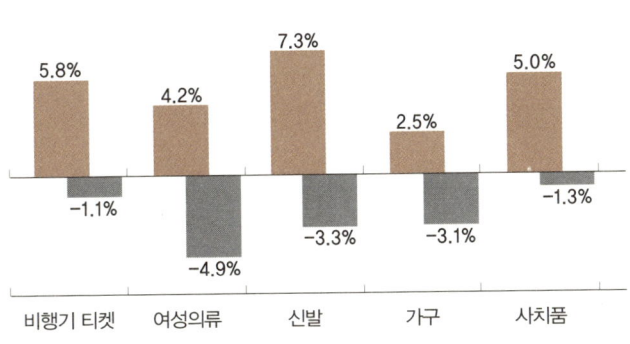

[미국 소비자들의 소비 변화]

■ 2007년 3월　■ 2008년 3월

전년 동기 대비 판매 증감률
3억 명 이상 신용카드 사용자 자료분석

〈자료 : 마스터카드〉

사람은 편안한 삶을 살다가 갑자기 불편한 삶을 살지는 못한다. 엘리베이터만 타고 다니다가 다시 계단을 이용하기 싫어하는 것이 당연하다. 따라서 소득이 일시에 줄어들어도 소비 패턴은 갑자기 변하지 않는다. 이런 소비 패턴이 바뀌기 시작했다는 것은 향후에도 미국인들의 소득에 큰 변화가 일어나지 않는 이상 장기간 소비가 늘어나지 않을 수도 있다는 뜻이다.

현재 미국 기업들의 실적이 "예상보다 나쁘지 않았다"는 분석은 앞으로 "예상보다 좋지 않을 수 있다"는 뜻으로도 해석이 가능하다. 이렇게 될 경우에 한국 주식시장은 한동안 정체기에 머무를 가능성이 크다. 현재 국내 주식형 펀드 등에 가입한 사람은 한국 기업의 실적을 유심히 살펴봐야 할 뿐만 아니라 미국 기업들의 수익과 함께 미국인들의 소비 패턴의 변화도 눈여겨보아야 한다.

Action Plan R과 D의 공포와 코스트 애버리징 효과

₩ R의 공포라고 하면 리세션(Recession; 경기침체)의 공포를 말하며, D의 공포는 디플레이션(Deflation; 경기침체, 물가 하락)의 공포를 말한다. R의 공포든 D의 공포든 둘 다 경기침체가 기저에 깔려 있으므로 정부는 고강도의 경기부양책을 지속적으로 펼치고 금리는 하락하게 되어 있다. 이때 가장 좋은 투자방법은 펀드나 주식에서 코스트 애버리징 효과를 기대하며 적립식으로 꾸준히 저가매수하는 것이다. 하지만 펀드나 주식은 반드시 손실에 대한 위험을 감수해야 하므로 원금 손실을 보지 않을 사람은 향후 금리 하락을 기대하고 1~2년 만기 예·적금에 가입해야 한다.

인플레이션 속에서 돈 버는 투자방법

▶▶▶ 경제 불황 속에서도 연일 치솟는 물가와 유가 때문에 소비자들의 불안심리는 사상 최고치에 달했다. 이러한 인플레이션 시대에는 돈이 있는 것도 걱정이다. 하루가 다르게 돈의 가치가 하락하기 때문이다.

은행 고정금리 상품에 돈을 맡겨둔 사람들은 인플레이션이 심해질수록 그만큼 실질 가처분 소득이 줄어든다. 인플레이션에서는 명목금리가 상승하지만 고물가로 실질금리는 마이너스이기 때문이다.

물가 상승과 경기침체의 이중고 속에서 내 돈을 지키기 위한 방법을 알아보자.

▶ 실물자산에 투자하라

돈의 가치는 하락하고 집이나 금 등의 실물자산의 가격은 상승하는 인플레이션 시기에는 실물자산에 투자하는 것이 원칙이다. 그중에서도 특히 물가 상승이 반영되는 자산에 투자하는 것이 유리하다.

과거 인플레이션이 나타날 때 가장 좋은 투자수단은 부동산이었다.

위기를 헤쳐 나가는 재테크 투자양식

지금은 1가구 2주택 이상 다주택자에 대한 규제로 과거처럼 부동산 가격이 급등하기 어려운 상황이다. 따라서 부동산 투자에는 좀더 신중을 기할 필요가 있다.

▶ 인플레이션에 유리한 펀드는 따로 있다

인플레이션하에서 금값이 오른다지만 개인이 금을 사 모으는 데는 한계가 있다. 개인이 금에 투자하는 또 다른 방법은 금 또는 금을 포함한 원자재 펀드에 가입하는 것이다. 요즘 같은 상황에서 투자대안으로 관심을 가져볼 만하다.

유가와 곡물 등 원자재 가격이 급등하면서 브라질과 러시아 같은 자원 부국에 투자하는 해외펀드도 주목해볼 만하다.

▶ 물가지수 연계채권에 관심을 기울여라

물가가 상승하는 시기에 채권은 투자대상에서 제외된다. 물가가 오르면 실질이자율이 하락해 채권가치도 떨어지기 때문이다. 하지만 물가지수 연계채권Inflation Index Bond은 이자율이 소비자물가지수에 연계되어 있어 물가가 인상된 만큼 원금을 보전해주고, 거기에 이자가 추가로 지급되는 상품이다.

예를 들어 물가연동채권에 1,000만 원을 투자했는데 통계청에서 발표하는 소비자물가지수를 기준으로 한 물가상승률이 5%라면 원금이 1,050만 원으로 늘어나고, 이자 역시 늘어난 원금을 기준으로 책정되어 물가 상승을 따라잡을 수 있는 구조다. 물가지수 연계채권은 인플레이션에 최적화된 상품이라고 할 만하다.

▶ 장기투자 주식 종목군을 발굴하라

인플레이션에서 자유로워지는 주식투자의 비법은 '멀리 내다보는 것'이다. 즉 최소 10년 이상 장기 투자할 종목군을 선정해 투자하는 것이 인플레이션의 영향에서 벗어날 수 있는 방법 중 하나다. 세계적인 투자의 대가 워렌 버핏도 "10년을 바라볼 주식이 아니라면 단 10분도 보유하지 말라"고 했다.

이 원칙은 인플레이션이건 디플레이션이건 상관없이, 어떤 상황에서건 직접 투자하는 사람들에게 공통적으로 적용되는 원칙이다. 이 때 관심을 가질만한 종목군은 "자산주"와 고유가로 인해 수혜를 볼만한 것들이다. 이러한 종목군을 발굴해 적정한 규모의 자산을 배분, 투자하는 것도 위기를 기회로 삼을 수 있는 좋은 방법이 될 것이다.

Action Plan 디플레이션에서는 이렇게 투자하라

경기가 침체되고 물가가 하락하는 디플레이션에서는 시중의 화폐량이 급속히 감소하면서 금리가 떨어지게 되어 있다. 이때는 아예 현금을 보유하고 있거나 안전자산인 국채나 채권형 펀드에 투자하는 것이 좋다. 왜냐하면 금리가 인하되면 그만큼 채권가격이 올라 수익률이 높아지기 때문이다. 그리고 현물자산인 금이나 금통장, 금펀드에 투자해야 한다. 같은 현물자산이라도 부동산의 경우에는 하락이 불가피하므로 피해야 한다.

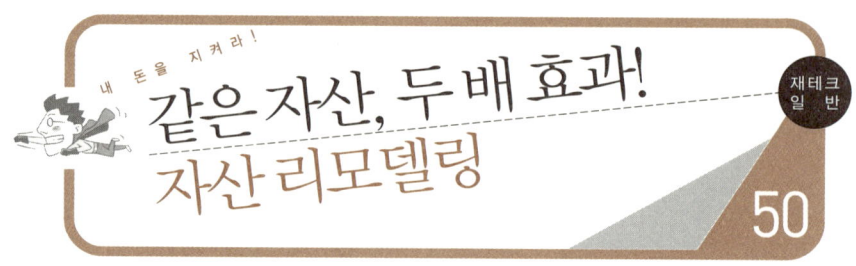

같은 자산, 두 배 효과!
자산 리모델링

내 돈을 지켜라!

재테크
일반

50

▶▶▶ 거리를 걷다 보면 낡고 찌든 건물이 있던 자리에 어느새 새 건물이 들어선 경우를 종종 본다. 짧은 시간 안에 화려하게 변신한 건물을 올려다보며 '리모델링'의 효과를 새삼 실감하는 순간이다.

건축물은 수십 년이 지나면 노후화되고, 그로 인해 시대의 흐름과 어울리지 못하는 퇴물이 되어간다. 금융기관에 고이 모셔져 있는 우리 자산도 마찬가지다.

몇 년간 부동산이 최고의 수익률을 올린 투자수단이라고 해서 가지고 있던 부동산을 계속 보유하거나 추가로 부동산에 투자할 수는 없다. 몇 년 전에 가족들 보험을 요모조모 따져 가입했다고 해서 그 낡은 보험 증권들을 덮어두고 방관할 수도 없다. 다른 투자수단을 모른다는 이유로 수년 전을 생각하며 가지고 있는 돈을 모두 은행의 고정금리 상품에 넣어놓을 수는 없다.

이제 꼼꼼한 점검을 통해 몇 년을 같은 곳에서 잠자고 있는 소중한 돈들의 위치를 좀더 편안하게 재배치할 필요가 있다. 이때 필요한 것이

'자산 리모델링'이다. 자산도 과감히 구조조정해서 교체할 것은 교체하고 새롭게 보완할 것은 보완해야 한다.

▶ 최소 비용으로 최대 효과를

금융환경과 개인이 처한 상황이 시시각각 변화함에 따라 과거의 상황에 맞추어 결정되었던 투자판단이 현재에 적합하지 않은 경우가 많아지고 있다. 자산 리모델링의 대상은 시간이 흐르고 제반 상황이 변함에 따라 당초의 설계를 변경해야 할 경우나, 혹은 시간의 흐름과 상관없이 애초부터 잘못 설계된 경우 모두 해당된다. 다만 양측 모두 리모델링 전후의 손실과 이익을 꼼꼼히 비교해보고 결정해야 한다. 모든 리모델링의 기본은 '최소의 비용으로 최대의 효과'를 얻는 경제원칙에 기반을 두기 때문이다.

▶ 과거 금융관행은 버려라

자산 리모델링도 투자의 한 방편이다. 고정화된 금융관행을 버리고 시장의 흐름에 순응할 때라야 제대로 된 효과를 얻을 수 있다. 예전의 투자자들은 대부분 은행 고정금리 상품을 선호했다. 그러나 지금 그랬다가는 물가상승률에도 미치지 못하는 저금리로 계속 원금만 까먹을 뿐이다. 이제 어느 정도 위험부담이 있는 투자상품에 관심을 갖지 않으면 재산을 늘릴 방법이 없다고 보아야 한다. 이것이 지금의 금융환경이며, 자산 리모델링 또한 이런 금융변화에 맞추어 이루어져야 한다.

▶ 부지런하지 않으면 아무것도 못한다

게으른 사람들이 할 수 있는 일이란 아무것도 없다. 은행이나 투자기관에 돈을 맡겨놓고 원금이 어떻게 되었는지, 이자가 얼마나 붙었는지 확인해볼 생각도 없는 사람들은 자산 리모델링을 생각하지도 마라. 하루가 다르게 금융환경은 변해가고, 새로운 금융상품들이 봇물처럼 쏟아져 나오고 있다. 금융기관과 친해지고, 또 부지런히 금융기관을 들락거려도 시장의 흐름을 잡아낼까 말까 하는 세상이다. 인터넷을 뒤지고 전문가와 상담하고, 필요하면 직접 금융기관을 방문하는 부지런함만이 성공적인 자산 리모델링을 담보한다.

Action Plan 5:5로 자산을 배분하면 장기투자할 수 있다

최근 주식시장이 전 고점인 2,000에서 1,000으로 50% 하락함에 따라 주식이나 주식형 펀드에 투자한 일반투자자들의 투자손실도 상당할 것으로 예측된다. 하지만 이러한 상황에서도 자산을 배분해 장기투자하면 안정적으로 자산을 지켜나갈 수 있다. 바로 저축상품과 투자상품에 나누어 투자하는 것이다.

예를 들어, 지금 1,000만 원을 주식형 펀드에 투자해 40%의 손실을 보고 있다면 당장 1,000만 원을 저축은행의 8% 복리상품에 넣어야 한다. 5년 후에도 주식시장이 회복 안 되어 주식형 펀드가 40%의 손실을 보고 있더라도 저축은행의 5년 이자가 40%를 넘으므로 밑지는 투자가 아니다.

여유자금이 없으면 적금의 비중을 높이거나 주식시장이 어느 정도 회복되었을 때 포트폴리오를 조정하면서 투자와 저축의 비중을 맞춰가도록 한다. 자산을 저축과 투자에 5:5로 배분만 하더라도 자산 디플레이션의 고통에서 벗어날 수 있다. 장기투자는 무작정 시장이 회복되기만을 기다리는 것이 아니다. 능동적으로 시장에 참여해 투자손실을 줄이고 장기적으로 수익을 내는 것이야말로 진정한 장기투자다.

위기일수록
자산관리를 튼튼히 하라

51

▶▶▶ 환율에, 석유에, 주식까지 연신 위기신호를 보내고 있다. 자산을 불리기는커녕 있는 것마저 손해 보지 않을까 노심초사하는 나날의 연속이다. 운에 따라야 할지, 적당히 남들 하는 대로 지켜보고만 있어야 할지 도통 종잡을 수 없는 '위기 상황'이다. 하지만 마냥 주춤하며 눈치만 볼 수는 없다. 내 자산관리는 내가 하는 법! 가장 기본적인 원칙을 제대로 알고 지키면 속절없이 손해를 보지는 않을 것이다. 또 '혼돈의 세상'에서 중심을 잡고 새롭게 재테크 기회를 포착할 안목을 제공해줄 것이다.

자산관리를 가장 잘한 사람은 필요할 때 필요한 만큼 자산을 보유한 사람이다. 요즘처럼 복잡하고 급변하는 금융환경에서 스스로 자산을 관리하기는 매우 어렵다. 그래서 스스로 하기보다 금융전문가의 도움을 받아 준비하는 것이 무엇보다 중요하다고 말할 수 있다. 그런데 자산관리는 통장에 돈이 얼마 있고, 적금을 얼마 붓고, 주식은 어느 정도 있는지 확인하는 차원이 아니다. '관리가 곧 수익'이라는 생각으로 철저히 따져보아야 한다. 그럼 자산관리를 어떻게 해야 할까.

왜 돈이 필요한지 그 이유를 분명히 하라

돈을 벌고 모으는 데도 반드시 이유가 있어야 한다. 단순히 '부자가 되기 위해서', '지금보다 더 많은 돈을 가지기 위해서'라는 이유만으로는 돈을 모으기가 쉽지 않다. 이유가 분명할수록 투자 마인드가 확고해진다.

나는 왜 돈이 필요한가? 그 이유를 분명히 해야 한다. 대부분의 사람들은 비상자금, 결혼자금, 주택마련자금, 자녀의 교육자금 및 결혼자금, 은퇴자금 등을 많이 이야기한다. 이외에 자동차, 가전제품, 여행, 상속 등을 위해 자금을 마련하고자 하는 경우도 있다.

모든 일에는 목적이 있어야 한다. 그렇지 않으면 당장 눈에 보이지 않는 자금들을 준비하는 데 실패할 가능성이 높다. 대표적인 예가 위험을 보장하는 종신보험이나 은퇴 자금이다. 막상 필요한 순간에 발을 동동 구르지 않으려면 분명한 목표를 두고 자산계획을 세워야 한다.

돈을 사용할 목적에 따라 우선순위를 매겨라

무엇보다도 목적의 우선순위를 명확히 하는 것이 중요하다. 수입은 일정한데 갈수록 돈 쓸 일들이 늘어난다고 한숨만 쉬고 있을 게 아니다. 중요한 것부터 우선순위를 매겨야 한다. 물론 우선순위는 사람마다 다르다. 전문가들은 가장 먼저 위험보장 프로그램을 설계하고 주택마련, 은퇴자금 등의 순서를 권한다. 아무리 고액 연봉자라도 질병이나 사고가 일어나면 곧바로 경제력을 상실하기 때문이다.

주택은 재테크 이전에 기본으로 준비해야 하는 사항이다. 그리고 앞으로 평균수명 증가와 출산율 저하로 인해 노인문제가 심각해질 것이라는 예측이 지배적이다. 은퇴한 이후의 노후 기간은 자신이 스스로 준비하지 않으면 안 된다.

이처럼 나에게 중요한 '자산 이용 목적'을 분명히 하고 우선순위를 매겨야만 그에 따른 준비나 재테크도 명확한 계획을 세울 수 있다.

언제, 어떻게 자금을 사용할지 정하라

자금이 언제 사용될지를 정해야 한다. 많은 사람들이 이렇게 묻는다.

"재테크로 무엇이 좋아요?"

"저축, 주식, 채권, 부동산 중 무엇에 투자해야 되나요?"

사실상 정답은 없다. 언제, 무슨 목적으로 자금을 사용할지 모르기 때문이다. 또한 소요기간도 알아야 한다. 보통 1년 이내의 단기 소요자금은 확정금리형 상품으로 하는 것이 좋다. 1년 내지 3년 정도 소요되는 중기 소요자금은 변동형 상품과 확정형 상품을 혼합해서 가입한다. 장기 상품은 확정형 상품보다 변동금리형 상품에 가입하는 것이 좋다. 기간에 따라 상품을 달리하는 이유는 기간과 목적에 따라 위험을 감수하는 정도가 다르기 때문이다.

자산집단의 특징을 정확하게 알라

자산집단이란 '현금, 주식, 채권, 부동산, 선물' 등을 말한다. 이런 자산집단의 특징을 제대로 모르면 똑같은 돈을 투자하더라도 이익이 달라진다. 모든 금융상품은 자산집단이 세분화되고 서로 혼합되어 만들어진다. 그래서 자산집단의 특성들을 파악하고 있어야만 시중에 나와 있는 상품들을 분석해 기간과 목적에 따라 자산을 구성할 수 있다.

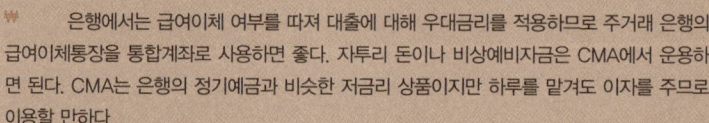

Action Plan CMA(종합자산관리계좌)도
통장 쪼개기를 해야 한다

￦ 은행에서는 급여이체 여부를 따져 대출에 대해 우대금리를 적용하므로 주거래 은행의 급여이체통장을 통합계좌로 사용하면 좋다. 자투리 돈이나 비상예비자금은 CMA에서 운용하면 된다. CMA는 은행의 정기예금과 비슷한 저금리 상품이지만 하루를 맡겨도 이자를 주므로 이용할 만하다.

단, CMA도 통장 쪼개기를 해야 한다. CMA에는 RP형 CMA, MMF형 CMA, 종금형 CMA가 있다. 자투리 돈과 비상예비자금은 MMF형 CMA로, 주식이나 펀드 매입은 RP형 CMA나 종금형 CMA로 통장 쪼개기를 하면 된다.

RP형 CMA	국공채, 회사채 등 A등급 이상에 투자해 안정성이 높은 확정금리형 상품
MMF형 CMA	수시 입출금이 가능한 상품으로 하루만 맡겨도 MMF 실적에 따른 수익금을 받는 변동금리형 상품
종금형 CMA	고정이자가 약속되어 있고 5,000만 원까지 예금자 보호를 받는 상품

이제 직접
재테크 전문가가 되어라

재테크
습관

52

▶▶▶ 불과 몇 년 전만 해도 '재테크'는 '특별한 사람들의 특별하게 돈 버는 기술'로만 인식되었다. 지금은 어떤가. 평범한 주부는 물론이고 초등학생까지도 재테크에 관심을 가진다. 그만큼 재테크는 우리 생활 속에서 당연한 것으로 인식되고 있다.

시중에서 개최되는 재테크 강연회의 풍경도 많이 달라졌다. 과거에는 강사가 일방적으로 강의하고 청중은 강의내용을 받아 적기에 바빴다. 지금은 해당 강의 주제를 충분히 이해하고 뭔가 더 새로운 것이 없나 알아보려고 온 사람들이 태반이다. 그들은 과거에 대한 분석보다 미래 예측에 대한 질문들을 많이 하고, 자기 생각의 출처와 근거를 명확히 제시한다. 놀라운 것은 그런 질문자의 대부분이 평범한 샐러리맨이나 주부들이라는 사실이다.

이처럼 경제가 발전하고 금융상품이 첨단화될수록 전문가와 비전문가 사이에 실력 차이는 점점 줄어든다. 더군다나 재테크 스킬을 모두 마스터한 전문가라고 해도 미래의 주가지수 같은 경제지표를 점치는 데는 한계가 있다.

결국 보통사람과 재테크 전문가의 차이는 누가 조금 더 공부하는가에 있다. 조금 더 부지런히, 발 빠르게 움직여 직접 재테크 전문가가 되는 방법을 알아보자.

▶ 재테크 강좌는 필수다

가까운 백화점 문화센터나 대학의 사회교육원에서 진행하는 재테크 강좌를 신청해라. 보통 주 1회씩 한 달 정도 진행되며, 수강료가 5만 원 전후로 매우 저렴한 편이다.

▶ 유능한 PB를 선택해 자주 조언을 들어라

주거래 은행이나 증권회사의 PB와 친분을 쌓고 자연스럽게 조언을 듣는다. 대개 금융기관의 지점에는 10여 명의 직원들이 있는데 실력 차이가 천차만별이다. 반드시 상담경험이 풍부하고 첨단지식도 많은 유능한 PB를 선택해야 한다.

▶ 재테크 전문가답게 행동하라

일상생활에서 어렵지 않게 할 수 있는 것이 바로 신문 스크랩이다. 가장 중시해야 할 자산 종목을 선정해 해당 분야의 신문기사를 집중적으로 읽고 정리해보자. 1년만 지나도 전문가 대열에 들어서게 될 것이다. 신문기사란 본래 사실의 보도이므로 아무런 의심도 하지 말고 쭉 1년만 관심 분야를 설정해놓고 스크랩을 해보아라. 그러면 어느 순간 자신의 재테크 안목에 스스로도 깜짝 놀랄 때가 있을 것이다.

▶ **중요한 것은 실천이다**

실천이 뒤따르지 않는 재테크 연구는 사상누각에 지나지 않는다. 재테크 전문가인 PB보다 자문을 구하는 고객이 재테크로 돈을 더 많이 버는 경우가 수두룩하다. PB는 대부분 책이나 본사에서 교육받은 지식과 간접경험에 기초해 업무상 조언을 한다. 하지만 고객은 본인의 피땀으로 모은 재산을 리스크를 감당해가면서 직접 투자한다.

▶ **신뢰할 만한 지인에게서 생생한 경험담을 들어라**

투자환경이 급변하는 상황에서는 직접 투자해보지 않고는 재테크 결과에 대한 예측을 쉽게 할 수 없다. 하지만 모든 자산을 실전 투자해서 성공과 실패를 경험하기에는 자산이 부족한 것이 현실이다. 이런 경우에 신뢰할 만한 지인에게서 생생한 경험담을 듣기라도 해야 한다. 가장 안전하고 빠르게 재테크 전문가가 되는 길은 일상생활에서 늘 만날 수 있는 전문가를 미리 정해놓고 그대로 따라 해보는 것이다. 단, 투자금액은 최소한으로 해야 한다. 당장 떼돈을 버는 데 목적이 있는 것이 아니라, 언젠가 있을 본격적인 투자에 대비한 재테크 안목과 철학을 만들기 위한 연습이라고 생각하면 된다.

재테크는 정보가 생명이다. 돈이 많아도, 아무리 발 빠른 실행력을 갖추어도 정보에 둔감하면 평생 '큰돈'을 만질 일이 없다. 조금만 부지런히 움직이면 정보는 수두룩하다. 특히 인터넷을 통한 정보 수집은 가장 먼저, 가장 쉽게 할 수 있다. 인터넷 뉴스나 칼럼, 각종 재테크 카페에 들어가 보면 재테크 달인들의 노하우와 최신 고급 정보들이 많이 올라와 있다. 명심해야 할 것은 정보의 사실 확인과 이후의 판단에 대한 모든 책임은 자신에게 있다는 것이다.

Action Plan 재테크도 멘토링이 필요하다!

₩ 재테크에서 '멘토'란 언제든지 가계 전반에 걸쳐 재정적 조언을 해주며 가정의 자산을 늘리는 데 도움을 주는 가정주치의인 금융 전문가를 말한다. 하지만 멘토가 돈벌이에만 연연하며 가계에 도움이 되지 않는 보험, 펀드 등 금융상품을 구매하라고 권유한다면 성실한 재무상담을 기대하기 힘들다.

멘토가 있다면 그가 성공한 전문가인지를 알아보고 보험과 세법, 대출, 부동산, 증권 등 관련 지식과 경험이 풍부한지 확인해야 한다. 여기에 덧붙여 국제공인재무설계사(CFP)나 종합자산관리사(IFP), 투자상담사, 공인중개사 등 해당 분야의 자격증이 있는지도 확인할 필요가 있다.

만약 아직도 멘토가 없다면 가정에 도움을 줄 정도의 재정적인 전문성과 풍부한 경험이 있는지, 위에서 말한 조건들을 갖추었는지 확인한 후에 적합한 사람을 멘토로 두면 된다.

경제위기도 비켜 가는 짠돌이 재테크

▶▶▶ 재테크의 기본은 무조건 아끼는 것이다. 물론 아끼고 절약해 종자돈을 만들자는 의미도 있지만 요즘 같은 경기침체기에는 투자보다 더 중요한 것이 새는 돈을 없애는 일이다.

"앞으로 남고 뒤로 밑진다"는 말이 있듯이 구멍 난 주머니에서 돈이 새어나가면 남아도 남는 것이 아니다. 특히 경기침체기에는 아끼는 것 이상의 재테크는 없다. "이 정도면 됐지, 그 이상을 어떻게?" 싶겠지만 조금만 더 신경 쓰면 생활 속에서 손쉽게 절약을 실천할 여지가 많다.

알면 알수록 줄어드는 통신비

생활비 중에서 의외로 높은 비중을 차지하는 것이 통신비다. 이제 주부는 물론이고 초등학생들까지 휴대폰을 가지고 다닌다. 그런데 잘 모르고 사용하면 통신비가 물 새듯 새어나가 버린다.

알면 알수록 줄어드는 통신비. 짠순이, 짠돌이들의 통신비 절약 노하우를 따라가 보자.

▶ 주거래 통신업체를 정하라

가정에서 사용하는 통신수단인 집전화, 초고속 인터넷, 휴대전화를 한 통신회사를 정해 패키지로 사용하면 요금을 할인받을 수 있다. 단, 서로 다른 망에 가입한 것을 통합하려면 사전에 위약금과 단말기 값 부담이 생기지 않는지 꼼꼼하게 살펴볼 필요가 있다.

▶ 일반통화는 집전화로

통신비 절감의 가장 중요한 포인트는 통화량을 줄이는 것이다. 통화량을 줄일 수 없다면 통화 형태에 따라 각각 집전화, 휴대전화를 선택해 사용하면 된다. 일반전화와 30분 통화한다고 가정하면 집전화끼리는 390원이 든다. 하지만 휴대전화로 일반전화에 걸면 3,000원 이상을 내야 한다. 조금 귀찮더라도 일반전화에 걸 때는 집전화를 이용하는 것이 절약하는 방법이다.

▶ 통화가 끝나면 반드시 '종료(END)' 버튼을 누른다

통화요금은 10초 단위로 계산된다. 1초만 통화해도 10초의 요금이 부과된다는 말이다. 통화를 끝내고 폴더를 내려 전화를 끊으면 10초 정도 통화가 더 이어진다. 통화가 확실하게 종료되었는지, 아니면 통신장애인지 확인하기 위해 전파가 10초쯤 더 오가는 것이다. 통화가 끝나자마자 종료 버튼을 누르고 폴더를 닫으면 그만큼 요금이 절약된다.

▶ 통화 습관을 바꾸자

급한 용무가 아니면 할인이 가능한 시간대를 활용해 통화하는 것이 좋다. 저녁과 주말에는 할인되는 폭이 커서 같은 시간의 통화를 해도 요금이 저렴한 편이다. 통신사별 할인 시간대는 통신사 홈페이지에서 확인하면 된다. 최근에는 자신의 라이프스타일에 맞게 할인시간대를 정하는 요금제도 많이 생겼다. 적극 활용하도록 하자.

▶ 요금, 인터넷으로 청구서 받고 자동이체로 내자

통신사마다 약간씩 차이는 있으나 요금청구서를 우편이 아닌 인터넷이나 휴대폰으로 받으면 멤버십 포인트가 적립된다. 또한 요금을 자동이체를 이용해 납부하면 1%의 할인혜택을 받을 수 있다.

▶ 문자메시지도 돈이다

문자메시지는 글자 수에 따라 단문과 장문으로 구분되어 각각 부과되는 요금이 달라진다. 이때 띄어쓰기와 문장부호도 글자 수로 계산되어 요금이 부과된다. 메시지를 전송할 때 띄어쓰기를 하지 않는 것도 휴대폰 요금을 절약하는 한 가지 방법이다. 한편으로는 무료 문자 서비스를 찾아 적극 활용하자.

할인쿠폰, 종이가 아니라 돈이다

일상생활에서 조금만 신경 쓰면 다양한 혜택을 받을 수 있는데도 몰라서 못 받고, 귀찮아서 안 받고, 하찮게 여겨서 무시하는 것이 있다. 바로 '할인쿠폰'이다. 우리는 신문이나 잡지, 광고전단지, 카드사 홍보지, 인터넷 사이트 등을 통해 무수히 많고 다양한 할인쿠폰을 접하게 된다. 쉽게 접할 수 있어 오히려 희소가치가 떨어지는 할인쿠폰. 합리적으로 활용하면 알뜰 살림에 많은 도움이 된다.

▶ 쿠폰을 용도별로 정리하고 휴대하라

쿠폰을 제대로 활용하려면 부지런해야 한다. 내실 있는 쿠폰을 수집하는 방법도 꿰고 있어야 한다. 쿠폰 지갑을 마련해 사용 장소별, 주제별, 지역별로 분류하고 할인권, 무료 음료권 등으로 구분해 보관하면 요긴하게 쓸 수 있다. 이때 사용기간을 확인해 버릴 것은 버리고 새것으로 교체해두어야 한다.

▶ 할인쿠폰, 꼭 필요한 곳에만 써라

할인쿠폰은 '사고자 하는 물건을 살 때' 할인을 받는 용도로 활용해야 한다. 할인쿠폰을 사용하기 위해 필요도 없는 소비를 해서는 안 된다는 말이다. 할인혜택에 현혹되어 과잉구매, 충동구매하는 실수를 범하지 말아야 한다.

▶ 쿠폰의 달콤함 뒤에 숨겨진 의도를 파악하라

할인쿠폰이 반드시 최저 가격을 보장하는 것은 아니다. 따라서 다른 업체의 판매가격을 꼼꼼히 살펴보아야 한다. 쿠폰은 '인터넷 구매 시 10% 할인' 쿠폰인데 정작 오프라인 매장에서는 20% 할인을 진행하는 중일 수도 있다.

재고 상품인지 여부도 조사할 필요가 있다. 일반적으로 재고 상품일수록 할인율이 높기 때문이다. 할인쿠폰 발급 시 제품가격을 아예 높여놓고 할인쿠폰을 뿌려 소비자를 현혹하는 업체도 있다.

쿠폰의 달콤함 뒤에 숨겨진 의도를 파악해 현명한 소비를 하는 것이 절약을 위한 또 다른 노하우다.

Action Plan 소득공제보다 지름신 강림을 막아야 한다

₩ 직장인들은 연말에 소득공제를 받는다는 이유로 비교적 쉽게 신용카드를 사용하는 편이다. 하지만 신용카드는 소득의 20% 초과분의 20%만을 소득공제해줄 뿐이다. 물론 무시 못할 금액이기는 하다. 하지만 20%의 20%를 공제받느니 차라리 지름신의 강림을 원천적으로 막는 것이 더 효과적인 재테크 방법이다. 당장 신용카드 하나만 남겨놓고 모두 없애야 한다. 그 대신에 체크카드나 현금을 사용하고, 현금으로 결제할 때 현금영수증을 차곡차곡 모으는 것이 더 효과적인 재테크이다.

연봉 2,000만 원: 카드 사용 1,000만 원, 소득공제 120만 원
연봉 4,000만 원: 카드 사용 1,000만 원, 소득공제 40만 원

▶▶▶ 미국의 백만장자들, 우리가 상상하기 힘든 부를 축적하고 있는 그들은 대부분 평범한 가정의 후손이다. 그리고 그중 상당수는 천천히, 꾸준하게 부를 축적해온 사람들이다.

미국의 대중 월간지 〈Spy〉에서 거부들의 근검절약도를 측정하기 위해 실험을 했다. 엄선된 부자 58명에게 "컴퓨터의 실수로 귀하가 1달러 11센트를 추가로 지불했기에 이를 환불해드리고자 합니다."라는 안내문과 함께 소액의 가계수표를 보냈다. 실험 결과 58명 중 26명이 은행을 방문해 돈을 인출해 갔다고 한다.

가계수표를 현금으로 찾으려면 은행을 방문해 이런저런 절차를 거쳐야 한다. 커피 한 잔 값도 안 되는 푼돈을 찾기 위해 미국의 갑부들은 은행을 방문하는 노고를 아끼지 않았다.

큰 부자는 하늘이 내리는 것이라고 하지만 따지고 보면 작은 습관의 차이가 부자와 부자가 아닌 사람을 구분 짓는다. 부자가 되고 싶다면 부자들의 '부자가 되는 열 가지 습관'을 닮는 것부터 시작하자.

하나, 일을 즐겨라

대부분의 사람들은 일을 통해 소득을 창출한다. 재테크로 큰돈을 벌기도 한다지만, 재테크의 종자돈은 결국 자신이 하는 일을 통해 번 돈으로 마련하게 된다. 그런데 오랜 기간 자신의 소득원이 되어줄 그 '일'이 만족스럽지 못하다면?

부자들은 자신의 일을 통해 행복을 느낀다. 그래서 일에 최선을 다한다. 최선을 다한 만큼 좋은 결과를 얻는 것이다.

둘, 목표는 가능한 한 구체적으로 정한다

목표란 눈에 보이듯 선명하고 숫자로 나타낼 정도로 구체적이어야 한다. 예컨대 '부자가 되는 것'은 목표가 아니라 꿈이다. 목표란 '10년 내에 10억 만들기', '5년 내에 강남에 34평형 아파트 구입하기'와 같이 구체적이어야 한다.

셋, 가족과 공유하라

행복을 느끼는 절대 요인은 가족과 나누는 유대감에 있다. 아무리 돈을 많이 벌어도 가족이 냉랭하고 전혀 관심이 없다면 행복을 느끼기 힘들다. 자신의 목표를 배우자와 공유하고 자녀들에게도 잘 전달해야 한다. 그 목표를 이루기 위해 가족이 함께 협력해야 한다.

넷, 타인과 비교하지 마라

부자의 기준은 사람마다 다르다. 좋은 차를 타는 것, 명품을 즐기는 것, 매년 해외여행을 하는 것이 부자의 기준이 될 수도 있다. 하지만 진정한 부자들 중에는 그런 것들을 즐기지 않는 사람도 있다. 타인과 나를 비교해 자신이 불행하다거나 가난하다고 단정 짓지 마라. 진정한 부는 욕심을 채움으로써가 아니라 욕심을 줄임으로써 얻어지는 것이다.

다섯, 미래를 계획하고 과거를 반성하라

1년간의 계획, 5년간의 계획, 20년 후의 계획을 세워두어라. 목표는 굳이 크거나 거창하지 않아도 된다. 1년간 성취해야 할 목표를 적고 매월 가계부를 통해 확인해보자. 그 결과에 대한 느낌도 적자. 1년 후에는 자신도 모르게 달라진 당신을 발견할 것이다.

여섯, 자산을 재구성하라

투자에도 저마다 스타일과 습관이 있다. 시장 상황이 바뀌어도 그 습관과 스타일은 변하지 않는다. 금리의 변화, 부동산 가치의 변화, 주식시장의 변화 등에 맞추어 자신이 취할 것과 버릴 것이 무엇인지 선택하고 바꾸어야 한다.

일곱, 절세 효과를 최대한 누려라

소득이 늘어날 여지가 많지 않은 직장인들은 세금을 한 푼이라도 챙기는 것이 결국은 더 버는 것이다. 금리에 따라 그 효과는 차이가 나겠지만 소득공제형 상품이 가장 확실한 재테크 방법임에는 틀림이 없다. 절세 효과를 누릴 대표적인 상품으로 장기주택마련저축, 연금신탁과 연금저축 같은 적격연금상품이 있다.

여덟, 주식투자는 펀드를 이용하라

주식투자의 전문가가 아니라면 직접투자보다는 펀드에 투자하는 것이 낫다. 안정형, 중립형, 공격형 등 자신의 투자성향과 주식시장 여건에 따라 채권형, 혼합형, 주식형 펀드에 적절하게 자산을 배분, 투자하면 된다. 펀드 종류에 따른 적절한 자산 배분은 전문가와 상의해 결정하는 편이 효과적이다

아홉, 부동산 투자는 시기 포착이 관건이다

부동산에 성급하게 투자할 필요는 없다. 그렇다고 너무 오랜 기간 판단을 유보해서도 안 된다. 내 집 마련을 위한 계획대로 진행하되 하락세가 꺾이고 반등세가 2~3개월 이상 지속되는 시기를 노리자.

열, 은퇴 후 자산을 준비해두어라

고령화 추세에 따라 노인인구의 경제적 어려움이 사회문제로 대두되고 있는 요즘 편안하고 안정적인 노후는 모든 사람의 바람이다. 게다가 구조조정, 조기은퇴 등으로 은퇴 시기는 점점 앞당겨 지고 있다. 노후를

대비한 은퇴 후 자산 준비는 빠르면 빠를수록 좋다. 매월 소득의 20% 정도를 연금이나 보험 등 노후를 위해 투자하자. 준비하는 사람만이 편안하고 여유로운 노후를 보장 받을 수 있다.

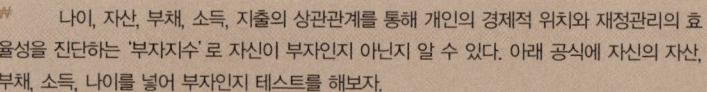

Action Plan 당신은 부자인가?

₩ 나이, 자산, 부채, 소득, 지출의 상관관계를 통해 개인의 경제적 위치와 재정관리의 효율성을 진단하는 '부자지수'로 자신이 부자인지 아닌지 알 수 있다. 아래 공식에 자신의 자산, 부채, 소득, 나이를 넣어 부자인지 테스트를 해보자.

부자지수 = 【(순자산액×10) ÷ (나이×총소득)】×100

순자산액: 총자산－부채

총소득: 연간 급여소득(기타소득 포함)

계산한 수치가 어디에 속하는지 확인해보자. 부자지수가 100% 미만이라면 가난해질 가능성이 더 크므로 부단히 자산을 늘리도록 노력해야 한다. 부자가 되기 위해서는 부채가 없고 순자산액이 많아야 한다. 그러려면 자신의 소득을 고려한 소비가 이루어져야 한다.

부자지수	내용
50% 미만	문제 있음, 지출 많고 소득관리 미흡
100% 미만	노력이 필요함, 평균수준의 지출 필요
200% 미만	잘하는 편임, 무난한 수준의 지출
200% 이상	아주 잘함, 지출이 적고 소득관리 잘함

'부자지수' 공식에 따르면 나이가 어릴수록 부자가 될 가능성이 높다. 순자산을 늘리려는 노력, 부채를 줄이려는 통제를 하루라도 빨리 시작해야 부자가 된다는 것이다.